worldskills China

U0863466

技能成就梦想

JINENG CHENGJIU MENGXIANG

（第二版）

人力资源社会保障部教材办公室　组织编写

宦　平　主编

中国劳动社会保障出版社

图书在版编目（CIP）数据

技能成就梦想 / 宦平主编. -- 2 版. -- 北京：中国劳动社会保障出版社，2019
ISBN 978-7-5167-4332-4

Ⅰ. ①技…　Ⅱ. ①宦…　Ⅲ. ①职业技能-能力培养-教材　Ⅳ. ①C975

中国版本图书馆 CIP 数据核字（2019）第 281730 号

中国劳动社会保障出版社出版发行
（北京市惠新东街 1 号　邮政编码：100029）
*
北京华联印刷有限公司印刷装订　　新华书店经销
787 毫米×1092 毫米　16 开本　10.25 印张　129 千字
2019 年 12 月第 2 版　　2025 年 5 月第 9 次印刷
定价：23.00 元

营销中心电话：400-606-6496
出版社网址：http://www.class.com.cn
http://jg.class.com.cn

前　言

2019年8月，在俄罗斯喀山举行的第45届世界技能大赛上，我国选手共获得16枚金牌、14枚银牌、5枚铜牌和17个优胜奖，位列金牌榜、奖牌榜、团体总分第一，再次刷新了我国参加世界技能大赛的最好成绩。

9月，习近平总书记对我国选手在第45届世界技能大赛上取得佳绩作出重要指示。习近平强调，劳动者素质对一个国家、一个民族发展至关重要。技术工人队伍是支撑中国制造、中国创造的重要基础，对推动经济高质量发展具有重要作用。要大力发展技工教育，加快培养大批高素质劳动者和技术技能人才。要在全社会弘扬精益求精的工匠精神，激励广大青年走技能成才、技能报国之路。李克强总理作出批示，要办好技工院校，完善技术工人职业发展机制和政策，使更多社会需要的技能人才、大国工匠不断涌现。

自2010年加入世界技能组织，我国参加了2011年第41届到2019年第45届世界技能大赛，累计获得36枚金牌、29枚银牌、20枚铜牌和58个优胜奖。从第41届我国以1枚银牌实现奖牌零的突破，到第43届我国以5枚金牌实现金牌零的突破，到第44届、第45届连续实现金牌榜、奖牌榜、团体总分第一，我国技能竞技综合水平已从跟跑、并跑，实现了领跑。中国选手在赛场上的精彩表现，不仅令世界震惊，更充分表明以青年技能竞技精英为代表的一大批高素质技能人才，正在从“中国制造”到“中国智造”的新征程中迅速成长。

我国技工教育发轫于1868年建立的福建船政学堂艺圃。从那时起，技工教育就是我国高素质技能人才培养的重要渠道。我国参加世界技能大赛所获全部36枚金牌中，有20多枚是技工院校培养的选手获得的，验证了技工院校在培养高素质技能人才方面的独特优势和技工学子在成长为高技能领军人才方面的内在潜力。

第46届世界技能大赛将于2021年在中国上海举行。届时，中国技能军团将再次受到世界瞩目。本书的出版旨在深入贯彻习近平总书记的重要指示精神，展示新时代青年技能人才拼搏进取的精神风貌，传递党和国家对技工院校莘莘学子的关爱和厚望。

技能改变命运，技能成就梦想。沐浴在技能春天和煦的阳光下，青年技能人才要高举工匠精神的大旗，以丰厚的知识、精湛的技能、创新的锐意，昂首阔步，投身到技能强国的时代大潮中去。

人力资源社会保障部教材办公室

2019年12月

目　录

第一篇　新时代 / 1

一、擎先锋之旗 / 3

二、扬工匠之帆 / 19

三、铸世赛之魂 / 32

第二篇　新技能 / 47

一、挑战 / 48

二、超越 / 64

三、创新 / 83

第三篇　新梦想 / 103

一、大国尚技 / 104

二、技能报国 / 118

三、圆梦之路 / 136

第一篇　新时代

2019 年 9 月 23 日，北京，第 45 届世界技能大赛参赛总结大会。胡春华副总理宣读了习近平总书记重要指示和李克强总理批示并致辞。

习近平强调，劳动者素质对一个国家、一个民族发展至关重要。技术工人队伍是支撑中国制造、中国创造的重要基础，对推动经济高质量发展具有重要作用。要健全技能人才培养、使用、评价、激励制度，大力发展技工教育，大规模开展职业技能培训，加快培养大批高素质劳动者和技术技能人才。要在全社会弘扬精益求精的工匠精神，激励广大青年走技能成才、技能报国之路。

李克强指出，技能人才是国家的宝贵资源，是促进产业升级、推动高质量发展的重要支撑。要坚持以习近平新时代中国特色社会主义思想为指导，紧扣需求发展现代职业教育、办好技工院校，完善技术工人职业发展机制和政策，推动形成广大青年学习技能、报效国家的浓厚氛围。

第 45 届世界技能大赛闭幕式

当地时间 2019 年 8 月 27 日晚，俄罗斯总统普京在喀山闭幕式上宣布第 45 届世界技能大赛闭幕。欢腾雀跃的音符、炫目璀璨的光束，交织成一幅绝美的夜幕……，对中国代表团而言，这是一个不平凡的夜晚。

这个夜晚，随着“China”“China”“China”不断在夜空中回响，年轻的中国选手一次又一次登上第45届世界技能大赛各个项目的领奖台——16枚金牌、14枚银牌、5枚铜牌和17个优胜奖，中国代表团再次以金牌榜第一、奖牌榜第一、团体总分第一的出色成绩，屹立巅峰，傲视群雄。其中，数控铣、焊接2个项目实现金牌“三连冠”，车身修理、砌筑、花艺、时装技术4个项目蝉联冠军，建筑石雕、混凝土建筑、水处理技术3个项目首次参赛，便一举夺魁。

2010年，中国加入世界技能组织，成为世界技能组织第53个成员，这昭示着新时代中国经济的不断崛起和持续腾飞，昭示着新一代中国技能人才开始走向世界，昭示着以青年为先锋的中国当代工匠“大力弘扬工匠精神，厚植工匠文化，恪守职业操守，崇尚精益求精”，必将担当起中国经济全面赶超国际水平、全面实现中华民族伟大复兴的历史使命。

世界技能组织是世界技能大赛的组织机构，其前身是“国际职业技能训练组织”，20世纪50年代，西班牙和葡萄牙两国共同发起创立了“国际职业技能训练组织”，目的是感召青年人重视职业技能，引导社会和雇主重视职业技能培训。

世界技能组织的宗旨是提升公众对技能人才的认可，展示技能在实现经济发展和个人成功中的重要性。自1971年起，世界技能组织每两年举办一次世界技能大赛。

2011年10月，英国伦敦，第41届世界技能大赛，中国代表团首次登上世界技能大赛舞台，在6个项目的比拼中斩获焊接项目银牌和5个优胜奖，首战就实现了奖牌零的突破。

2013 年 7 月，德国莱比锡，第 42 届世界技能大赛，中国代表团二度参赛，在 22 个项目的竞技中奋力拼搏，最终将奖牌榜上的数字刷新为 1 枚银牌、3 枚铜牌和 13 个优胜奖。

2015 年 8 月，巴西圣保罗，第 43 届世界技能大赛，中国代表团一举获得 5 枚金牌、6 枚银牌、4 枚铜牌和 11 个优胜奖，不但实现了金牌零的突破，而且奖牌总数位居世界前列。

2017 年 10 月，阿联酋阿布扎比，第 44 届世界技能大赛，中国代表团荣获 15 枚金牌、7 枚银牌、8 枚铜牌和 12 个优胜奖，金牌总数、奖牌总数和团体总分均位列榜首。其中，工业机械装调项目以全场最高分斩获了本届大赛唯一的“阿尔伯特·维达大奖”。

2019 年 8 月，俄罗斯喀山，第 45 届世界技能大赛，中国代表团参加了全部 56 个项目的比赛，并创下了参赛以来的最好成绩。

第 46 届世界技能大赛将于 2021 年 9 月在中国上海举行。

一、擎先锋之旗

劳动创造世界，技能成就未来，时代呼唤先锋！

100 多年前，列强横行、国运衰败、民不聊生。时年 22 岁的梁启超公车上书，走上了变法维新、救亡图存之路，留下了少年智则国智，少年强则国强，少年进步则国进步，少年雄于地球，则国雄于地球的期许和宏愿。

100 多年后，在中国共产党的领导下，经过一代又一代青年先锋的浴血奋战、奋发图强，中国，这个昔日满目疮痍、任人宰割的国家早已沧海桑田、翻天覆地，进入了一个民族振兴、傲然屹立于世界东方的伟大新时代。

在这样一个时代，新一代技能青年秉承前辈的光荣传统，高举鲜红的旗帜，用青春的理想和信念、青年的朝气和担当，在世界技能舞台上，尽情放飞青春的梦想，抒写青春的华章，绽放青春的辉煌，以国之正气争金夺银，以梦之壮丽扬威世界，以技之精湛笑傲潮头。

技能强国，舍我其谁？世界技能大赛的辉煌战绩再次表明，在中华民族伟大复兴的征程中，技能青年必将为祖国和人民做出更为杰出的贡献，也必将为自己谱写出更为宏伟壮丽、气吞山河的青春旋律。

1. 裴先峰：做好今日，放眼未来

他，是第一个登上世界技能之巅领奖台的中国技工；他，是第一个用银牌将“中国”二字首次写进世界技能大赛史册的中国技工；他，是第一个毕业于技工学校、以一线工人身份直接从生产岗位走上世界技能舞台的中国技工。

裴先峰，一个普通而又蕴含着不凡的名字。1990 年出生时，父母也许寄予他特别的希冀，给他取了这样一个在河南洛阳李楼乡下庄村人看来有些特别的名字。

2006 年 8 月，他和哥哥同时收到了录取通知书，一份是重点高中，一份是重点大学。本来可以和哥哥一样，3 年后成为一名天之骄子，但出乎意料的是，裴先峰拿着这份高中录取通知书走进了中国石油天然气第一建设公司技工学校。

2009 年 8 月，怀揣着一本焊工中级职业资格证书，裴先峰穿上了一身橘红色的工装，成为中国石油天然气第一建设公司第三工程处 303 工程队的一名普通焊工。工作的第一站就是甘肃庆阳石化炼油工程搬迁改造现场。上班的第一天，师傅就对他说：“娃娃，这里不是学校，你手里的工作只能成功不许失败。”

裴先峰

黄土高原，野外施工，烈日暴晒，高温炙烤……这个刚刚走出校门的青年似乎有着天然的先锋本性，在管道焊接中，无论是进度还是质量，竟然一出手就名列前茅，把师傅都甩到了身后。

石化设备、装置一般都有易燃易爆的特点，对焊接质量有着极高的要求。为此，公司建立了一整套发现和培养优秀焊接员工的体制。2010年8月，裴先峰被选送到集团公司最具实力的焊接研究与培训中心进行强化培训。在这里，裴先峰不但极大地提升了自己的焊接技艺，也验证了“机遇总是垂青有准备的人”这句人尽皆知的励志格言。2011年3月，这个工作前从未离开过洛阳、从未坐过火车的农村娃，通过层层选拔，径直走进北京集训中心，成为一名代表国家参加第41届世界技能大赛焊接项目的选手。

2011年10月8日，是一个注定被写入中国工匠史册的日子，新的一页历史篇章由裴先峰在英国伦敦书写。这一天，中国工人第一次登上了世界技能大赛的领奖台，第一次获得一枚属于自己、属于国家的世界级宝贵银牌，第一次以精湛的技艺冲击了世界焊接技能之巅。这一年，裴先峰21岁。

2013年5月4日，作为全国五一劳动奖章和中国青年五四奖章获得者，裴先峰同各界优秀青年代表一起受到习近平总书记的亲切接见。在向习近平总书记汇报自己的工作情况时，裴先峰表示：“练就国家建设需要的过硬本领，才能实现自己的青春梦想。是伟大祖国和伟大时代，给了我梦想成真的机会。有梦想、有机会、有奋斗，就能够成就自己的美好人生。”习近平总书记亲切地对他说：“你通过奋发努力，成就的青春事业与党和国家的事业、人民的事业高度契合，这样事业的光谱就更广阔，能量也会更强。”

做好今日，放眼未来——这是裴先峰在接受记者采访时所讲述的成功秘籍。这，也许就是父母在给他起名字时所蕴含的特别希冀。

焊接项目是指按照图样要求将零部件进行组装，并使用规定的方法进行焊接操作的竞赛项目。比赛中对选手的技能要求主要包括：使用焊条电弧焊−111（SMAW）、实心焊丝混合气体（Ar+CO_2）保护焊−135（GMAW）、药芯焊丝混合气体（Ar+CO_2）保护焊−136（FCAW）、钨极氩弧焊−141（GTAW）进行焊接操作，理解并掌握各类焊接材料的机械和化学性能。

2. 曾正超：踏实做人，认真做事

1984 年，美国洛杉矶，第 23 届奥林匹克运动会，许海峰一枪击中中国奥运史上的第一枚金牌，成为当年“体育精神提振民族精神”的标志性事件；2015 年，巴西圣保罗，第 43 届世界技能大赛，曾正超一“枪”击中焊接项目世界冠军，成为当年“弘扬工匠精神，打造技能强国”的标志性事件。这超凡的第一枚金牌，还伴随着世赛组委会颁发的每个国家（地区）只有一枚的“国家（地区）最佳选手”奖牌，让五星红旗格外鲜艳。

曾正超

“追逐梦想，不是一件容易的事，能有今天的成绩，要感谢的人太多太多。”巨大的成功，让这个稚气未脱、年方十九的青年，在面对媒体的镜头和话筒时有些腼腆，“父母没有给我万贯家财，但教给了我踏实做人、认真做事的道理。”“国家培养我花费了大量心血和资金，获奖对于我只是增强了信心和动力，我会在单位踏踏实实地干下去，到工地一线去，在那里为公司、为国家多做一些事，多出一把力。”获奖后，曾正超首先想到的是父母的教诲、单位的栽培、国家的需要——这种质朴，正是高超技能的根基、生命价值的源头和中国青年的志向。

1995 年 12 月，曾正超出生在四川省攀枝花市一个普通农民家庭，顽皮的天性让他从小就想成为一名武林高手，初中时迷上了双节棍，耽搁了学业。中考后，他成为攀枝花技师学院焊接专业的一名学生。

失之东隅，收之桑榆。尽管在旁人看来焊工是一个又苦又累又脏的工种，但曾正超很快迷上了焊枪、焊机和焊条，习武造就的灵活身体和坚韧性格成为他的优势；而让他与高中失之交臂的双节棍，也在第 43 届世界技能大赛主办方组织的联欢会上惊艳全场，“中国功夫”赢得一片喝彩。

2013 年 7 月，曾正超以优异的成绩成为中国第十九冶金建设集团公司的一名正式员工，随即被派往孟加拉国，投入该国 AKG 公司电炉炼钢项目的焊接任务中。

曾正超的工位是管道固定口，供人活动的空间非常小，几乎没有转身的余地，焊接环境极其恶劣。但凭借从小习武练就的功夫和学校一体化教学打下的专业功底，曾正超焊接的管口，在项目第三方监理严苛的 X 射线探伤检测中，全部一次性通过，无一返工。

曾正超杰出的工作表现和优异的工作业绩不断传回国内，5 个月后，在他的生日即将到来之际，曾正超被公司一纸通知调回国内，成为第 43 届世界技能大赛集训选手。曾正超没有辜负公司的期望，在公司、省级选拔赛和国家集训队阶段性选拔中，始终以第一名的成绩过关斩将，最终成为出征巴西圣保罗焊接项目的正选选手。

1984 年 7 月 29 日，许海峰用气枪以 566 环的成绩勇夺奥运会金牌，昭示着体育强国时代的到来。2015 年 8 月 16 日，曾正超用焊枪以绝对的优势骄傲地登上世界焊接技能之巅领奖台，作为首枚世赛金牌和世赛“国家（地区）最佳选手”奖牌的“双牌”得主，曾正超以精湛的技艺、飞扬的青春和超然的正气昭示着一个崭新的技能强国时代的到来。

3. 宋彪：厚积薄发，问鼎世界

如果说，领奖台是世界技能大赛之巅，金牌是巅峰上的明珠，那么这颗明珠闪耀的璀璨中还有一道直指天际的光束，那就是以世界技能组织已故创始人阿尔伯特·维达的名字命名的奖项——“阿尔伯特·维达大奖”。它只授予每一届大赛所有项目中得分最高的金牌选手，因此，每届比赛只有一名选手可以获此奖项。自 1995 年该奖项在法国里昂正式生效以来，至 2017 年总共只有 12 名选手获此殊荣。

宋彪

阿联酋当地时间 2017 年 10 月 19 日晚，当第 44 届世界技能大赛颁奖式从优胜奖到金牌颁奖完毕，人们翘首以盼这“巅峰上的巅峰”“金牌中的金牌”时，世界技能组织主席西蒙·巴特利走上颁奖台，庄重地宣布：本届大赛“阿尔伯特·维达大奖”得主是中国选手宋彪。

那一刻，全场一片沸腾，人们欢呼着，为中国喝彩！

宋彪，这个中国 2.3 亿青少年学子中细微如一粒尘埃的青年，这个半年前在其就读的江苏省常州技师学院默默无闻的普通学生，这个来自中国普通农民工家庭的农家子弟，这个第一次参加技能大赛就闯出校门、冲进国赛、出征世界的技能青年，一次就问鼎了世界技能这“巅峰上的巅峰”“金牌中的金牌”，成为中国在世界技能大赛舞台上一道直射天际的光束。

1998 年 11 月出生的宋彪，从小和爷爷奶奶为伴，直到 2014 年 9 月才从安徽省蚌埠市怀远县邵楼村来到长年在江苏省常州市打工的父母身边，入读江苏省常州技师学院机械工程系 5 年制模具制造专业。

宋彪的学业基础并不算好，但农家子弟的质朴、勤劳、憨厚都得到了爷爷奶奶的真传。他从小爱玩泥巴、堆小人，稍大一点就喜欢拆卸父母买给他的玩具，甚至家里的闹钟也被他拆成一堆零件。这种每个孩子都具有的好奇心所造成的“破坏”在爷爷奶奶和父母那里都没有受到责备，或许这就是宋彪不鸣则已一鸣惊人的最初源头吧。

来到技师学院，第一次代表班级参加学校技能节比赛，宋彪名落孙山。他主动找到班主任说：“不要对我失望，我会努力的！”这句话不经意间传到了系主任宋军民的耳朵里，这位业内资深的国家级技能竞赛专家下意识地记住了这个名字。2015 年 10 月，学院组建世赛特训班，宋军民直接点名宋彪，并单独给他下达了一个训练科目——分别利用钻床和手电钻在钢板和铝板上加工 10 种不同直径规格的圆孔各 10 个。两名教练轮流指导，12 个小时过去，经检测，合格率 100%。

工业机械装调项目需要利用车削、铣削、焊接、钣金、液压及电气系统装配等多种技能技术，制作一台具有实用功能的小型设备。做出一台这样的设备，要求每一个动作、每一个零件、每一次调试都要一次成功，这需要悟性、需要定力、需要精准——宋彪具有这样的潜质。

将日常训练要求直接定在世赛评分标准之上——这是宋军民下达给教练组的任务。2015 年的寒假特别冷，而 2016 年的暑假又遭遇江苏省气象史上有记录以来的最高温，在没有空调的实训车间里，无论是严寒还是酷暑，特训班学员中坚持到最后的总是宋彪。

2016 年 9 月，宋彪进入国家集训队；2017 年 6 月，他成为工业机械装调项目国家队正选选手。

在最后备战的 3 个月，作为世赛中国代表团工业机械装调项目专家组组长的宋军民对宋彪提出了更为严格的训练目标：高于世赛技术标准、高于世赛检测标准、严于世赛竞赛规则、高于世赛体能强度，争夺世界技能大赛奖牌。但当宋彪走进赛场前的一刻，宋军民只是笑着对他说：“比赛其实就是平时的训练换个地方而已，该怎么做就怎么做，正常发挥就行，拿不拿奖牌无所谓。”

厚积薄发，4 天共 21 个小时的比赛，宋彪不但“意外”地拿到了一块冥冥之中必定属于自己的金牌，还“意外”地以 779 分这个所有项目中的最高分从 1268 名选手中脱颖而出，一气冲上技能之巅，成为中国代表团获得“阿尔伯特·维达大奖”第一人。

“阿尔伯特·维达大奖”是一个享有盛名的奖项，以世界技能组织创始人的名字命名。

阿尔伯特·维达一生致力于国际职业训练竞赛事业，1993 年 10 月去世。为表彰他对世界技能运动做出的杰出贡献，世界技能组织设置了“阿尔伯特·维达大奖”。该奖项只颁给每届世界技能大赛最高分获得者。1995 年，该奖项在法国里昂举办的第 33 届世界技能大赛中首次颁发。

北京时间2017年10月20日凌晨2点，当宋彪从世界技能组织主席西蒙·巴特利手中接过“阿尔伯特·维达大奖”奖杯的时候，距宋彪19岁生日还差一个月。这位稚气未脱、腼腆寡言的青年说：“爷爷奶奶含辛茹苦把我带大，父亲母亲任劳任怨供我读书，但最后让我成长成才的是学校、是国家；我现在还是个学生，我还要继续学习，不断提高知识技能水平，用更好的成绩和业绩报答家人、报效社会和国家。”

2017年11月21日，李克强总理接见宋彪时，亲切地握着他的手说：“机械装调是一个传统行业，如果越来越多的技能人才在这个行业异军突起，那中国制造的未来就大有希望！希望你们永存匠心，始终不渝追求卓越、弘扬工匠精神。不仅成为自己专业的‘行家里手’，更能成为工匠精神的‘领跑者’，用卓越匠心带动千千万万的技能人才。”

总理的嘱托就是国家的要求、自己的使命。斗转星移，两年后的宋彪作为一名教师，已经站在了母校的三尺讲台上，从事“综合加工”一体化课程教学。他的讲解也许还不够生动，但一切都追踪着国际化现代“智造”发展趋势。他的每一节课都要用两天甚至三天的时间来做准备，为的就是不辜负总理的嘱托，不辜负国家的培养。在由恩师宋军民领衔的国家级技能大师工作室，作为江苏省特授的“高级工程师”，他已经完成“三星滚轮卷板机”等3项实用新型专利的申报。协助宋军民老师完成新专业“工业机械装调”的申报——世赛成果向专业课程转化的理论设计，他是实践者，更是探索者。

第45届世界技能大赛，宋彪成为宋军民老师的助理教练。根据自身参赛经验，他提出的“备赛选手心理焦虑调适机制”方案被教练团队采用。虽然徒弟张维钰最终获得了铜牌，但冲击上海世赛并夺回这块世赛史上属于中国的第一块金牌的信念，早已根植于师徒二人的内心。这绝不仅仅是为了夺金，将传统钳工专业打造成现代制造业所需工业机械装调专业，为中国智造培养更多知识型、创新型工业机械装调师，才是需要为之奋斗一生的事业。

作为2019年中国青年五四奖章获得者，21岁的宋彪褪去了世界技能大赛冠军和“阿尔伯特·维达大奖”的光环，正以他质朴、勤劳的本性，在极其平凡的工作岗位上践行着总理的嘱托。

4. 田镇基：实力所致，波澜不惊

一枚硬币在高速行驶的“复兴号”高铁上稳稳站住。要问中国高铁为什么如此又快又稳？专家会告诉你，车轴上传输动力的齿轮箱是其核心部件。而这种高精尖齿轮箱的加工生产必定离不开数控铣床。操作数控铣床是一项高精尖的技术活。没有能干这种技术活的铣工，“复兴号”就只能停留在图纸上。田镇基所学的就是这样的技术活。

7月的广州，天气又闷热又干燥。广东省机械技师学院的数控铣削车间，尽管有通风设备，但依旧湿热难耐。田镇基穿着红色的短袖集训服，在隆隆的机床声中挥汗如雨、目不转睛——身边就有教练放着的应急瓶装水，但瓶口始终没有打开——他已习惯了这样的训练。

2013年9月，田镇基来到广东省机械技师学院求学。初进校，他就被实训车间那些数控设备深深吸引——尤其是一块块毛坯被装夹、一段段程序被运行，出来的产品神奇地被改造成闪着银光、透着灵气的“工艺品”。

2015年7月，一个机会突然降临。经过海选、笔试，田镇基以绝对高分进入了学校技能大赛集训队。这时的田镇基才开始对世界技能大赛有了一个初步的认识，也才开始将自己的梦想和这项顶级赛事联系在一起。经过学校严苛的综合训练和反复的综合测评，田镇基最终

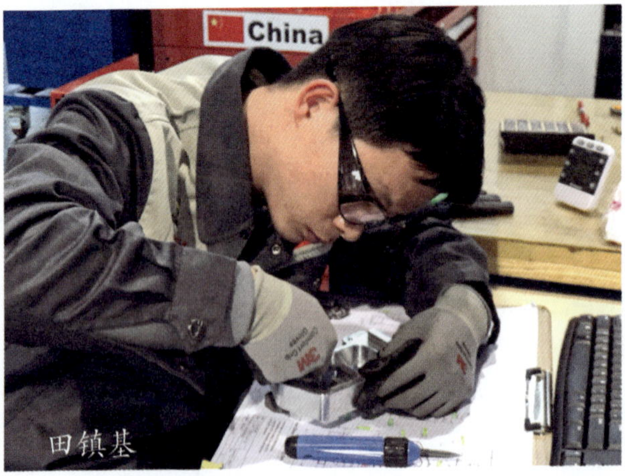

田镇基

被确定为数控铣项目选手。

数控铣项目是指利用数控铣床（加工中心）对工件进行金属铣削加工的竞赛项目。比赛中对选手的技能要求主要包括：ISO 工程图样的识图能力，计算机及 CAM 软件编程（包括手工编程）的能力，三轴立式数控铣床（可含有刀库）操作技术，金属切削知识及相关刀具使用技术，运用机用平口钳进行工件定位夹紧的能力，使用相关工具完成刀具参数设定及工件坐标系设定，能够使用常用量具进行测量，具备基本铣削、钻孔、铰孔、镗孔、攻螺纹等工艺能力。

世界技能大赛数控铣项目比赛共设置电脑绘图、程序编程和机床加工 3 个模块，赛程为 4 天，累计比赛时间为 17.75 小时。而第 45 届世界技能大赛数控铣项目要求分别完成铝合金材料和钢材料等 3 件成品。要通过工具、机床设备，按照图样要求对毛坯进行加工，做成零件。20 毫米的零件，误差需要控制在 0.008 毫米。

车床、铣床、刨床、钻床、镗床、磨床等被称作工作母机，简称机床。机床的性能和操作机床的技能水平直接影响机械产品的性能和质量。因此，机床是整个工业体系的基石和摇篮，处于整个工业产业链的核心环节，而机床的先进程度和操作能力决定着一个国家或地区的工业发展水平和综合竞争力。

田镇基给自己定下的第一个目标，就是能够参加第 45 届世界技能大赛全国选拔赛。这个目标对田镇基来说，是实力所致，自然信心满满，结果也是如愿以偿。

2018 年 6 月，第 45 届世界技能大赛数控铣项目全国选拔赛正式开赛。田镇基的工位是面向正门的第一台设备，前两天的比赛过程，如同按照计划发车的高铁，高速而平稳地在轨道上运行。第三天，他的工位前人流量突然暴增——需要静心聚力的加工环节，突然遭遇意外的干扰。第一个模块直接“报废”，能够解释的原因只有一个：心理波动太大，技术发挥失常。幸运的是，田镇基很快调整好心态，在后面的两个模块比赛中正常发挥，最后以总分第四名的成绩进入了第 45 届世界技能大赛国家集训队。

第一次穿上国赛集训队专用队服，田镇基顿时感到沉甸甸的分量。这个分量有多重？国赛队主教练鲁宏勋大师闲聊时不经意的一个问题，给了他答案。

“你的队服有什么特别的地方吗？”

这时，田镇基才注意到，自己所穿队服袖口印有两颗星星——这意味着中国代表队在数控铣项目上已经连续两届夺得金牌，能否实现“三连冠”，已经不是个人成绩意义上的金牌，而是关乎一个国家在数控机床领域技术技能水平判断的一块金牌。

此后的训练，用“魔鬼”来形容一点也不过分。鲁宏勋大师更多的是从工艺细节层面提出要求，训练作品的精度已经达到了“复兴号”高铁齿轮箱的加工精度。田镇基不断接受着意想不到的考验：耳边会突然传来近乎“疯狂”的摇滚乐、爵士乐，或是悠扬舒展的摇篮曲；整齐摆放、平时顺手拿来的 50 个刀头，突然消失了一个；几经检测达标的成品，突然被告知出现检测误差，必须重来……

技艺日益精进，心态静如止水。在第 45 届世界技能大赛闭幕式上，

当“China，田镇基”的声音响起，田镇基大步流星地走向领奖台。

回到母校，面对1800名欢迎他凯旋的新生，面对有望参加下一届世界技能大赛的师弟师妹们，田镇基传授了他的秘诀：“我们的技术技能没问题，保持平稳的心态最关键。”

面对各路记者的镜头和话筒，田镇基说得最多的就是：“我只是做到了正常发挥。”而面对捍卫国家技能荣誉的提问，田镇基瞬间就流露出另一种口气：“实力所致，波澜不惊。”

运营时速高达350公里的“复兴号”高铁，中国从跟跑日本、德国到领跑世界，自主创新阶段用了10年时间；从普通学生到世赛冠军，田镇基用了6年。如果说“复兴号”是中国制造的一张闪亮名片，以铣工为代表的数控机床及其操作工就是这张名片的基材。千百个田镇基，成就了“复兴号”高铁的齿轮箱；而千万个田镇基正在以自己的青春和梦想成就着一个又一个中国智造。

5. 黄晓呈：勇者无畏，放手一搏

2019年8月24日，俄罗斯喀山，国际展览中心A306区，第45届世界技能大赛数控车项目比赛现场。

黄晓呈研究着零件加工图样，编写加工程序，设计工装夹具，检查、测试，确认无误，按下启动开关，数控车床那带有韵味的隆隆声，由低到高、由缓到急，随之平稳地运转起来。

这是比赛的第二天，赛事有些胶着。这天的赛题是制作一件由3件零件组成的配合件，需要选手自己设计工装夹具。这是本届赛事的新增

黄晓呈

内容，重点考核选手的创新和应变能力。左右两边的工位，分别是老对手韩国队和巴西队，不远处就是日本队、法国队和德国队，几位选手抬眼就能对视。

第41届到第44届世界技能大赛，中国的数控车项目一直努力冲击金牌，但都遗憾地铩羽而归。唯一可以告慰的，是这个项目从第一次参赛的第七名优胜奖，“晋级”到了第44届第二名银牌。本届能否如愿夺金，就要看黄晓呈今天的表现了。

数控车项目专家组组长、来自北京航空航天大学的资深教授宋放之介绍，比赛第一天的题目是批量生产，选手要在规定时间内完成10件较为复杂的零件制作。黄晓呈基本功非常扎实，这个模块完成得非常到位，领先第二名整整6分。而第二天的赛题是新增内容，特别具有挑战性，之前训练虽有涉及，但需要选手临场应变，顺势发挥才行。

1997年7月31日，黄晓呈出生在广东省揭阳市登岗镇的一个小村庄。作为家里的男孩子、日后的顶梁柱，他从小被寄予厚望。父母时常挂在嘴边的一句话就是：“要好好读书，将来考一个好的大学。”可是，令人失望的中考成绩还是让这个美好的愿望成为遗憾。面对失望的父母，早已懂事的黄晓呈最初有些不知所措，彷徨了几天，他对父母说：“以前都是你们为我做决定，现在我长大了，今后走什么样的路，怎么走，我要自己决定。”

2013年9月，黄晓呈来到了广州，成为广东省机械技师学院数控加工专业的一名学生。他知道，这是一个技术含量极高的专业，在这里可以接受当今世界上最先进的数控技术教育。事实也确实如此，当老师带领新生参观校园，走进世赛集训基地时，他看到一群穿着工装、胸前绣着国旗的师兄们在自己之前只是在电视新闻里看到的机床上操作，心里就埋下了一颗种子：参加竞赛！

广东省机械技师学院有着一套科学而严格的竞赛机制。第一学期，黄晓呈就通过“分层海选”进入了基础竞赛班。两年后的 2015 年 9 月，黄晓呈完成了数控技术中级阶段全部学习内容，进入高级数控加工中心备赛班。经过严格的“学科课程 + 基础技能 + 心理素质”测评，黄晓呈最终被分配到数控车项目组，开始了以竞争第 45 届世界技能大赛参赛选手资格为目标的备赛训练。

接下来的日子，黄晓呈不是在竞赛中，就是在竞赛的路上。

2016 年第七届全国数控技能大赛广东省选拔赛数控车项目第一名，随后获得该届赛事全国总决赛第三名。

2018 年第 45 届世界技能大赛数控车项目广东省选拔赛第一名，随后获得该届赛事全国选拔赛第二名。

2018 年 9 月，黄晓呈开始了北京集训基地的集训生活。

都说集训的日子很苦很苦，其实黄晓呈感觉最“苦”的是每一次选拔赛。经过几轮筛选，朝夕相处的小伙伴相继离开。用共同的汗水凝聚的友谊，有着旁人难以体会、自己难以言说的依依不舍，唯有用更为刻苦的训练和优异的成绩来告慰别离的小伙伴。

一切清零。宋放之教授让黄晓呈磨车刀——这是一名数控车床操作工的基本功。黄晓呈有些不解——世赛是不会让你去磨刀的。但教练的意志不可违，他还是去磨了，尽管磨得很用心，还是被教练看出了心思，教练让他停下来，说了这样一番话："车工一把刀，三分手艺七分刀——这是行内的一句俗语，意思就是车工技艺从对刀具的选择、使用、刃磨功力上就可以分出高低。"

黄晓呈明白了教练的良苦用心。接下来就是精细化的工艺编排，加工同一种零件，加工顺序、工步设计的细微差异，会影响工装夹具的合理选择和加工效率。黄晓呈就像刃磨车刀一样，将每个细微差异都进行了比较研究，不但要找到那个最优的设计，还要找出应对不同材料和变化的最优设计。

这样的例子很多，多得已经无法计数。黄晓呈感到自己又从中级工开始上了一遍升级版的工艺基础课、技能训练课。

"这个小伙儿的技能水平早就超过过往几届的金牌选手了，这样的训练为的是让他的心态更加稳定，工艺思维更加缜密。这个小伙儿有着一种勇者无惧的气质，只要关键时刻能放手一搏，就能够超常发挥。"宋放之教授这样评价他的第五位世赛冲金选手。这也是比赛第二天，他对金牌预测的依据。

事实也确实如此，面对新增的赛点，黄晓呈没有慌乱——夹具设计最终的目的是让坯料在与刀头"硬"接触时更稳定：他梳理了所有要素，在头脑中形成架构后，转化为精细的工装设计和加工技艺。顺利完成比赛，但还是出现了意外——由于忽略了坯料的硬度，成型后的配合件没有达到最理想的状态。这一天，他的成绩略低于老对手巴西和韩国选手。

第三天的赛题是两件配合件。赛题体现了当今车铣复合加工的大趋势，难度也超出预期。但看到赛场上黄晓呈的状态，宋放之教授放心了——勇者无惧，放手一搏！这一天的比赛，黄晓呈仅仅丢掉了0.33分，以绝对的高分实现了对巴西、韩国选手的反超。

三天的比赛，黄晓呈以766分的总分稳夺数控车项目金牌，甩开银牌选手整整15分。这个分差是中国自参加数控车项目比赛以来，冠亚军之间最大的分差。中国选手终于用金牌向世界证明，在作为一个国家制造业水平主要标志之一的数控车加工领域，中国登上了技能之巅。

依据零件的技术图样，利用车削中心，选择合理的工装夹具，使用正确的切削刀具，设置机床和切削参数，编制数控程序，加工以回转体为主、部分铣削和钻削为辅的复杂零件。而加工出的零件误差必须控制在两个“丝”以内。黄晓呈说，一个“丝”是0.01毫米。

这是一条坎坷崎岖的道路，这是一枚来之不易的金牌，这是一部技能成就梦想的现实版教科书。宋放之教授说，在世赛舞台上拿到数控车项目金牌的，虽然只有黄晓呈一个人，但站在黄晓呈身后的却是千千万万正在成长起来的青年技能人才。

二、扬工匠之帆

在人类发展的长河里，工具和器物的制造至少有200多万年的历史。船和帆的发明者已经无从考证，但毋庸置疑，这都是工匠的杰作。独木舟上架起了帆，就能更好地利用自然的力量，节省划桨的体力，提高前行的速度。扬起工匠之帆，就能够遨游太空、游弋深海、穿越大山、横跨江河……。可以肯定地说，没有工匠之帆，没有匠心的代代传承，就没有人类的当代科技文明。世界技能大赛的宗旨就是让世界各国青年在前辈的引领下，扬起这工匠之帆，而世赛奖牌所昭示的就是这工匠之帆前行的方向和默默推动青年工匠成长的工匠大师们所肩负的人类社会健康发展的共同使命。

1. 不忘初心，久久为功

鲁宏勋，中航工业集团中国空空导弹研究院首席技能专家、高级技师、“鲁宏勋班”班长，中华技能大奖获得者。自2011年中国首次组团参加世界技能大赛，就一直被聘为数控铣项目技术指导专家组组长、总教练，全程负责中国选手的选拔和集训。在2015年巴西圣保罗举办的第43届世界技能大赛上，他直接指导的选手张志坤夺得金牌。

2015年9月14日，站在第43届世界技能大赛参赛总结会的发言席上，52岁的鲁宏勋眼里噙满了泪水：“我终于实现了我的承诺，终于实现了我们的梦想，我终于可以回家了！”

是的，鲁宏勋终于可以回家了，为了实现“我的承诺”和“我们的梦想”，他付出了太多太多，而这种付出不是之前指导选手备战第41届、第42届、第43届世界技能大赛的五年和之后备战第44届世界技能大赛的两年，而是整整三十二年。

1981年，鲁宏勋高考落榜成为一名技校生；1983年毕业后，成为中航工业集团中国空空导弹研究院的一名钳工；两年后因研究院购进了当时世界上最先进的数控机床，他毛遂自荐，成为一名数控机床操作工，从此与数控机床结下了不解之缘。

鲁宏勋

“不贪多求快，不好高骛远，不眼花缭乱。”鲁宏勋几乎将所有的业余时间都用在了数控机床上——从阅读英文版数控机床操作手册开始，到研究机床的结构和工作原理，很快就成为研究院屈指可数的几名数控机床操作工中最厉害的一个。

1986年，鲁宏勋第一次登上了领奖台。在研究院某型号导弹多个复杂零件加工任务中，鲁宏勋以出色的表现获得了全院质量控制成果二等奖。

初次获奖对鲁宏勋的触动很大。这让他明白作为技术工人，技能水平的高低也决定着国家尖端武器研制、国防事业发展的成败得失。“航空报国”的企业文化也由此深深地镌刻在他心底。

1990年，鲁宏勋26岁，作为唯一的技术工人，他与空空导弹某型号总工程师、总工艺师等专家一起站上了同一领奖台。这一年，他被原国家航空航天工业部记一等功。

现在，走进中航工业集团中国空空导弹研究院现代化数控机床车间，如果不是走廊上琳琅满目的奖杯、奖牌和证书，鲁宏勋和他所在的班组平常而普通，在偌大的导弹研究院里并不起眼。

但如果仔细观摩一下他们加工的零件，人们很快会被其精巧的构造所吸引。0.01毫米是空空导弹关键零部件对精度的要求，即便有高精度的数控铣床作为主要加工设备，它仍然要求制造者对工艺流程、夹具定位、刀具及切削参数、测量工具与方法等有极高的掌控能力，而对设备、工具误差的修正则更体现了对精度的控制力。在这方面，鲁宏勋是大师和权威——“鲁宏勋班”中70%以上的工装夹具、90%以上的加工方案来自他的设计或思路；他本人也先后设计和制造了上百套工装夹具，编制了几千个数控加工程序；而“鲁宏勋班”的成员均是由鲁宏勋一手带“大”的徒弟，其中有3名中航工业集团首席技能专家、6名全国技术能手、9名省级技术能手、1名世界技能大赛金牌获得者、7名高级技师。

2011年2月，鲁宏勋走进世界技能大赛中国代表团数控铣项目专家组和教练组——在技能竞赛领域，从零开始，就像当年学习数控机床操作一样。一个新的梦想，从车间走向了世界；一个新的承诺，从导弹零件走向了技能之巅。

要真切理解各项竞赛规则和项目技术细节，就必须阅读原版一手材料，就像当年阅读英文版数控机床操作手册一样，鲁宏勋闯过了这一关。为了兼顾本职工作与集训工作，鲁宏勋一周中 4 天在单位工作、3 天在基地训练，没有休息日。为了节约时间，鲁宏勋常常在往返洛阳—北京的高铁列车上设计训练试题。为了保证选手选拔的科学性及评分的准确性、公正性，鲁宏勋设计开发了专门的评分软件，只要工作人员录入检测结果，计算机就能自动完成评判，并将结果显示在投影大屏幕上。每次对选手的技术点评，鲁宏勋都和所有选手的指导老师面对面，既提高了效率、促进了交流，又让所有教练均有监督检测、参与主观评判的机会。这样不但保证了选手选拔的客观性和科学性，也提升了教练团队的整体指导水平。

选手进入集训基地前，大多只具有粗放、单一的技术技能，鲁宏勋在集训之初就把自己根据世赛规则和实际工作经验总结提炼的技术要领和工艺方法系统地讲解给所有选手及其指导老师，并在整个选拔集训阶段严格执行。

熟能生巧、灵活应用是后期强化训练的主要内容，流程简化、工艺优化以及简单有效的工具是提高训练成绩的重要手段。但要将这种技术理念转化为选手的精细思维和综合技能，没有高超的理论和丰富的经验是不行的。作为总教练，在集训选拔的最后阶段，鲁宏勋将自己变成了“勤杂工”和“孩子王”——他亲自扫地擦桌、整理作业现场，他亲自改装工具箱，从问题解决方案、图样设计、钻孔、攻丝到装调一手完成，目的就是要通过自己的行为对选手产生潜移默化的影响，形成必备的职业素养。

“鲁大师话不多，但我们训练时很多细节都在他眼里心里。训练中遇到难题，他很少直接告诉我解决路径，却经常是一句话点亮我的思路。”林春泷这样描述自己的教练和恩师。

在中国空空导弹研究院，鲁宏勋从一名普通的技术工人成长为国宝级技能专家，同时也见证了我国空空导弹事业的飞速发展。在世界技能大赛领域，鲁宏勋已历经五届，亲眼见证了我国数控选手从登上世界舞台到迅速称雄技能之巅的整个过程：

第 41 届世界技能大赛，选手王泽民，第六名，获得优胜奖。

第 42 届世界技能大赛，选手谢海波，第三名，获得铜牌。

第 43 届世界技能大赛，选手张志坤，第一名，获得金牌。

第 44 届世界技能大赛，选手杨登辉，第一名，获得金牌。

第 45 届世界技能大赛，选手田镇基，第一名，获得金牌。

“不贪多求快，不好高骛远，不眼花缭乱。”鲁宏勋实现了他的梦想，兑现了他的承诺。脚踏实地、严谨细致、锐意前行，最终将数控铣这枚标志着一个国家制造装备和制造加工水平的金牌深深地刻上“中国”的名字。

“工作是修行，产品是修炼；不忘初心，久久为功。”这是鲁宏勋的座右铭。做产品如此，做教练也是如此——新一届世界技能大赛又将开始，鲁宏勋再一次背起行囊，带着新的目标、新的思想，踏上了筑梦中国的新征程。

2. 中国焊工，焊接世界

周树春，中国十九冶集团公司首席技师、焊接高级技师，国家级技能大师，中华技能大奖获得者、“中央企业百名杰出工匠奖”获得者，全国冶金建设高级技能专家，中央企业劳动模范，世界技能大赛中国代表团焊接项目教练组组长。2019 年 9 月 10 日，第 35 个教师节，作为攀枝花技师学院焊接专业教师，周树春获得“全国优秀教师”荣誉称号。

第 41 届世界技能大赛，中国队首战伦敦，他的徒弟裴先峰摘取焊接项目银牌，实现了中国队首次参赛奖牌零的突破；第 42 届世界技能大赛，他的徒弟王晨宇位列第五，获得优胜奖；第 43 届世界技能大赛，他的徒弟曾正超第一个斩获金牌，实现中国队参赛金牌零的突破；第 44 届世界技能大赛，他的徒弟宁显海获得金牌；第 45 届世界技能大赛，他的徒弟赵脯菠再次斩获金牌，实现了这个项目的中国“三连冠”。五届世界技能大赛中，有四届焊接项目金牌选手来自中冶集团，周树春作为集团首席技能大师、世赛教练，首开中国一个企业一个项目金牌零的突破和金牌“三连冠”的历史纪录。

他掌握 12 种国际国内前沿焊接技术，提炼出 13 种独特的焊接方法，获得 7 项国家实用新型专利；他获得的各级奖项有 50 多项，证书堆起来近 1 米高。作为中国共产党四川省第十一次代表大会代表，他用自己的顽强拼搏和杰出贡献，始终践行着自己定下的“中国焊工，焊接世界”的理想信念。

走进以他的名字命名的国家级技能大师工作室，最令人注目的是写在墙上的一句话：“当就当最棒的焊工，练就练独门的绝技。”无论是之前作为周树春名下的集训选手，还是现在作为和师傅同样的公司首席技师、焊接高级技师，曾正超总是会有意无意地凝望墙上的这句话，他说：“我最佩服师傅刻苦钻研的精神，也羡慕他灵活的头脑和常人难以超越的高超技艺。”作为周树春的助理教练，墙上的这句话，既是曾正超对自己的激励，也是用来协助师傅进行技术创新、培养新人、训练世赛选手的行动指南。

1992 年，刚满 16 岁的周树春，初中一毕业就接过了父亲手中的焊枪。父亲对他说：“在十九冶，我没做出什么成绩，但也没出过一个次品；焊工看上去很苦、很累，干好了其实也是很值的。”

中国第十九冶金建设公司是父辈那个年代里中国最大的国企之一，能进入这样的企业在当时是一件非常荣耀的事。周树春也许是看到了这份“荣耀”，就暗下决心：要当就当最好的焊工，为父亲争气。

一切从零开始，不懂何谓焊接、何谓图样，也不懂何谓焊材，但在师傅的指导下，仅仅一年，他就掌握了结构安装焊接和普通管道焊接的基本要领，不但能够独立作业，而且打下了非常扎实的焊接基本功，这是他后来事业继续发展的关键。

周树春

没有理论武装的焊工，最多就是一个优秀的熟练操作工——这是周树春在学徒期间悟出的道理，而父亲一辈子只做到了优秀的熟练操作工——周树春急切地希望自己的业务水平更进一步。

周树春借来了《焊工技术》《金属材料与热处理》《焊接词典》等理论书籍。虽然艰深难懂，但周树春有自己的办法，那就是将自己“还原”成一名初三学生，在学校的高压和高中的召唤下，熬夜、鏖战……。很快，周树春就尝到了理论的甜头，他自诩不出3年就可以成为一名操作师。如今，他早已成为一名国家级技能大师，那些当年读过的书，依然整齐地摆放在他的大师工作室书柜中最醒目的位置，就是为了方便他的徒弟们使用。

操作工和操作师的区别在哪里？用十九冶集团副总经理李潇的话说，就是“十九冶遇到的焊接难题，只要打电话给他，他就晓得问题出在哪里、怎么解决”。

在攀枝花某项目工程中，因窑体焊接直径 5 米、壁厚 40 毫米，一共有 5 道焊口，窑体又不能转动，常规焊接技术根本解决不了。周树春带领队友们，通过探索性试验，用药芯焊丝二氧化碳气体保护焊进行焊接，很快便圆满完成全部任务，焊口质量合格率 100%。

在昆钢高炉工程焊接施工中，面对焊口隐蔽、作业面窄、管道内空气流动性差等系列难题，周树春绞尽脑汁，经过反复试验和周密论证，终于拿出了在管道中用氩气置换空气、在靠墙的隐蔽部位用镜子反射出焊口等一揽子解决方案，成功克服了困难，解决了难题。

巴布亚新几内亚瑞木镍钴矿浆管道，是世界上直径最大的矿浆管道，采用的是 X60 管线钢材质。面对这种之前十九冶从没焊接过的材质，周树春作为负责人，与工程师们苦苦研究一个月，成功研发出达到国内先进水平的 X60 管线钢焊接工艺。

20 多年来，周树春焊接了上万条焊缝，也将自己“焊”成了世界技能大赛焊接项目总教练。“我们没有周末，也没有节假日。”周树春说。集训的日子里，他和选手们每天早上 6 点起床开始体能锻炼，8 点准时进入训练场地训练，一直到晚上 10 点。

参加第 41 届世界技能大赛，没有任何经验，连基本规则都完全不了解。面对只有 7 个月的训练时间，刚开始，一团乱麻的周树春经常去钓鱼——这是他的业余爱好。不清楚其他队伍的实力，自己队伍的选手对竞赛用的铝合金、不锈钢等焊接材料又从未接触过，竞赛用指定设备无法及时进口到位——这些都是致命的问题。作为垂钓高手，周树春在那段日子里竟然没能钓上一条鱼。但在钓鱼的过程中，他却有了一个基本思路：“我从 22 个备选方案中摸索出了 73 套工艺参数，在短时间内把选手的基本功突击到位，然后再应用竞赛规则和进口设备在选手间进行模拟情境的真实竞赛。”这是周树春在第 41 届世界技能大赛总结会上的经验之谈，展现了一位有着坚实理论功底和丰富实战经验的技能大师的睿智。

首战告捷，周树春给自己定下了金牌目标，然而天不遂人愿，德国莱比锡之战，我国参赛选手因对某个部件进行了二次焊接而被判 0 分，这个 0 分使名次落到第五，无缘奖牌。“下届比赛，一定要将这枚金牌夺回来，而且一定要无可挑剔。”铩羽而归后，周树春立下誓言，同时从生产一线选拔出一批优秀的年轻选手参与培训。2014 年 9 月底，怀揣争金夺冠、为国争光的梦想，他带着 4 名选手来到北京集训基地，开始为第 43 届世界技能大赛做准备。

高强度的训练，对选手来说是考验，对教练来说更是考验。眼看比赛的日子越来越近，选手的精气神越来越好，而他的精气神却越来越差。赛前两个月，他不得不去医院检查，结果令他非常沮丧——甲状腺肿瘤，需立刻手术。“哪儿有时间做手术？比完赛再说。”但训练选手是需要体力和精力的，各方领导反复给他“科普”，让他终于“明白”了这个道理，走上了手术台。

周树春非常感慨当代的高科技，从手术麻醉中醒来的第二天，他就能在陪护人员的帮助下，用手机登录基地监控系统观看选手训练，并用电话与助理教练和选手沟通训练细节问题。

周树春很快出院了，没有在家休息一天，只有在集训车间，他才能感到身体在恢复、精力在提升。就在启程前往巴西圣保罗参赛的前 20 分钟，他还在基地实验室对选手的焊件进行检测分析。

当金牌挂到曾正超的脖颈上时，周树春泪流满面。赛后，他这样回答记者：“这泪水有好几重原因。首先在那种氛围下，作为中国人真的感到骄傲，金牌不仅是个人荣誉，也向世界证明了中国工人在焊接领域的技术水准。其次是获奖的过程太艰难了，从第41届第一次参赛起，无论是我还是选手，我们真的付出了很多，这里面的压力太大了。”这种付出和压力，我们也许很难想象，更难以亲身体验，但周树春用了整整9年时间，以三金一银和一个优胜奖的辉煌战绩真真切切地让我们看到了“中国焊工，焊接世界”的梦想变成了现实。

3. 美丽来自自信，自信源自信念

何先泽，重庆市“何先泽发型创作工作室”创办人，重庆五一高级技工学校高级实习指导教师、高级技师，全国“十佳发型师”，国家级技能大师，美发行业第一个国务院政府特殊津贴获得者，亚洲发型化妆大赛评委，世界技能大赛美发项目中国队总教练。

1986年，16岁的何先泽初中毕业后被招进重庆巴南区双河口镇邮局做了一名邮递员。在那个年代，这是一份令人羡慕的工作，兴奋的他骑着一辆邮局特有的墨绿色自行车，快乐地穿行在这个农村小镇的街边、巷口、里弄，一晃就是两年。由于每天送报的缘故，他竟然莫名其妙地对一个每天路过的理发店产生了兴趣，只要得空，就总是泡在那里。最终，他做出了一个令父母强烈反对的决定：辞职——到这家理发店学做一个剃头匠，然后开一家属于自己的理发店。

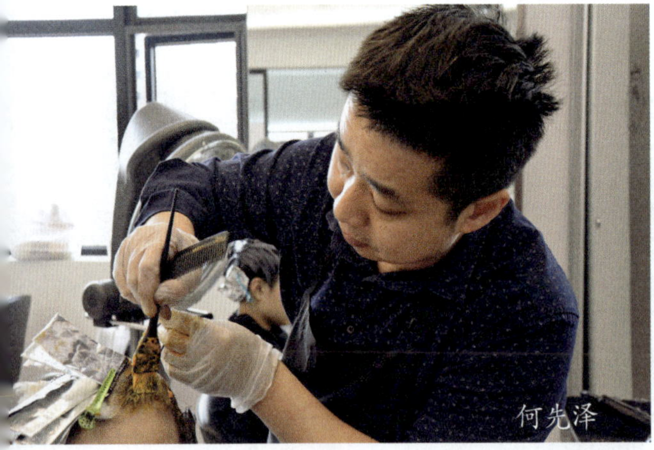

何先泽

何先泽用自己全部的积蓄，交了300元学费——在当时，这相当于他小半年的工资。在这家理发店，从给客人洗头开始，老板说，洗头合格了才能成为学徒，否则走人且学费不退。何先泽一口答应了这个“不合情理”的要求。仅仅半年，他不但成为正式学徒，而且将一个

剃头匠的基本功发型“平头”剃到连老板都自叹不如的地步。老板开始给他发工资了，后来干脆按业绩提成——如果让这个绝顶聪明又勤奋的小伙子在镇上再开起一个理发店，那不是砸自己的饭碗吗？但此时的何先泽已经有了新的念头。

1994 年，何先泽来到北京。“当时北京 11 月份已经很冷，我没有更多的衣服穿，就把很多件夏天的短袖穿在了身上，外面再套个外套。吃不惯馒头，可只有馒头最便宜，所以每天啃馒头。”回忆起那段北漂的日子，何先泽记忆犹新。

那年，他看到北京的一个美容美发培训班招生信息，学费 800 元。这在那个年代同样是一笔不菲的花费。为了省钱，他连公交车都不坐，他说自己当时只有一双皮鞋，每天来回跑，鞋底都磨断了，但就是觉得快乐。那时，西方的各种美发观念、新潮发型冲击的不仅仅是中国传统理发店的理发师们，追求时尚的也不仅仅是年轻人。这次培训为何先泽开启了一扇窗，一扇能看到世界的窗，令他终生难忘。

培训班结束，他去了一家高端美发店打工，算是正式开始了他的北漂生活。“早上四五点起床看资料，琢磨发型。这是上班前必须做的功课，因为师傅只顾着生意，根本不主动教授，如果不事先做好功课，你就什么也学不到。但只要我事先做好功课，观察得细致些，每天就能学到一点，技艺也会提高一点。所以整个人整天都处于亢奋的状态，什么苦啊累啊，根本就不觉得。能觉得的只有一个字：值！”

渐渐地，在北京这个人才荟萃之地，何先泽开始崭露头角，不但成为高端美发店的师傅，而且被推荐参加各类比赛，“一不小心”竟然将自己比进了亚洲美发业最高级别大赛的选拔赛，从 80 多人中选择 4 人代表中国出战，何先泽成为其中之一。遗憾的是，这次参赛，何先泽未能斩获奖牌。这成为他此后慢慢滋生、反复缠绕的一个心结，也孕育了他的一个新想法。

2003 年，何先泽放弃了北京上万元的月薪，回到重庆。一个非常不起眼的美发店开张了——这就是“何先泽美发工作室”。2005年，何先泽美发工作室迁址重庆市最繁华的地段，更名为“何先泽发型创作工作室”。不要小看了这个更名，为了这个名字，何先泽南下广州、东赴上海，到处拜师学艺，从1994年第一笔800元算起，10年间支付的学费超过100万元，为的就是能将梦想变成现实。

一般的理发师必备4把剪刀，何先泽必备的剪刀是11把。他对剪刀的理解与一般的理发师有所不同。他说，他的剪刀中最便宜的2 000多元，最贵的一把叫作“半滑剪”，价值上万元。这些剪刀特别锋利，这不是为了方便理发师，而是因为用其修剪的头发断面更光滑、更容易愈合，这样顾客的头发就不容易毛糙、分叉。其中一把边角剪，刀尖至切口仅有4厘米，专为精修短发的耳后发际线而备。

2007年，《重庆晚报》发表题为《何先泽：百万元炼成的“发痴”》的专题报道。何先泽对“发痴”这个说法非常肯定，只是那时的他对自己“痴”的程度和结果还不满意，尽管在这之前经常会有顾客专门乘飞机过来找他设计发型，或者顾客买好机票请他过去，其中不乏中央电视台主持人、影视明星。因为这不是他的梦想，只是他实现梦想的一个路径。

何先泽（右）和胡已雪（左）

2011年，他终于得到了实现梦想的机遇——受聘担任世界技能大赛美发项目教练。首次训练的选手获得优胜奖，但这并没有让他满足。2013年，在德国莱比锡，他训练的选手胡已雪获得银牌，而且是本届赛事中国代表团唯一的银牌，但这也没有让他满意。2015年，跟他学艺 4 年的聂凤终于斩获金牌。当媒体以《聂凤：一个技校生的逆袭》《剪发剪成“副教授”》等文章铺天盖地地进行宣传报道时，何先泽冷静地发声：“没那么简单！在我的工作室，一个发型她可以练到上千遍，不放过任何一个细节，而且对于新的发型创意，她总喜欢琢磨、询问，一天时间至少操作 12 个小时，练到手腕疼得抬不起来也不会说。4 年中，光她剪掉的头模就有 3 000 多个，如果折合成金钱的话，这一项就是 100 多万元。更为重要的是，美发不是单纯地打造漂亮发型，而是要结合顾客整体造型，让顾客更加美丽自信，不要让发型抢了人的风采。要达到这个境界，必须有超凡的自信和坚定的信念。”何先泽对聂凤获得金牌背后的评述，其实也是他自己 20 多年来痴迷美发艺术的切身体验。

2017 年的父亲节，47 岁的何先泽收到了一份意外的大礼：在 6 月 18 日结束的由中国商业联合会、中国就业培训技术指导中心等单位联合举办的全国美容美发职业技能竞赛中，就读于重庆五一高级技工学校美容美发与形象设计专业一年级的 16 岁的女儿何烨，初出茅庐就一举捧得学生组全能金奖。

何先泽把女儿的奖杯、证书放在自己的工作室。在过去的 10 多年里，他亲手带出的徒弟中有多人获得国际大赛奖牌。有 12 人被评为“全国技术能手”。现在，他的爱徒聂凤已经成长为世界技能大赛美发项目国家集训队教练。为了这一天，何先泽对已经身为同事、拥有和他相同等级职称、同样享受国务院政府特殊津贴的聂凤提出了更高的要求——加强学习，实现理论和技艺的“双突破”。

聂凤

和当年的何先泽一样，聂凤四处求学。2017 年，赴澳大利亚师从世赛美发项目首席专家多娜女士。不到半年时间，就从新生晋级为助教，当地媒体称她是多娜“最好的学生”，而多娜亦盛赞她是自己“最努力的孩子”。2018 年，聂凤通过大洋洲美发最高技能等级考核，获得国际专业标准联盟（IPSN）国际发型师认证书，成为取得该项国际顶级证书的东方第一人。

聂凤回到教练岗位，正是第 45 届世界技能大赛紧张备赛的日子。重庆五一高级技工学校是美发项目国家集训基地，她和恩师并肩工作，训练来自全国各地的集训选手。她的“学院派”“欧美式”技术技艺点点滴滴地融入世赛美发项目的每个细节，最终造就了来自西子湖畔的美丽姑娘——石丹。和当年的聂凤一样，石丹纤柔的外表下有一颗坚韧而执着的心，近乎残酷的训练，没有让她掉一滴泪。让我们记住这个日子，2019 年 8 月 27 日莫斯科时间晚 8 时许，石丹登上第 45 届世界技能大赛冠军领奖台——第 44 届失掉的美发金牌重新回归，中国的美发之花再次绽放。

石丹

让中国的美发业从跟风世界潮流到独领世界风骚，这是何先泽的梦想。匠心传承——这个梦想早已是聂凤的情怀，也是师妹兼爱徒石丹的情怀，而世赛美发项目首枚银牌得主胡已雪，正在她扬州的美发大师工作室，践行着恩师的梦想和情怀。

三、铸世赛之魂

1981 年 11 月 6 日至 16 日，日本东京，第三届世界杯女子排球锦标赛，中国女排战胜了不可一世的亚洲劲旅日本队，第一次问鼎世界冠军。此后的 5 年中，中国女排在世界顶级赛事中连战皆捷，创造了中国体育史上“五连冠”的丰功伟绩，铸就了鼓舞国人、震撼世界的“女排精神”。38年后，当年的“铁榔头”郎平又率领全新的中国女排几度拼搏，战胜千难万险，夺得了2019年女排世界杯冠军，创造了11连胜的奇迹，再次证明了“女排精神”的传承与永恒。

什么是“女排精神”？那就是顽强拼搏，永不言弃，坚持不懈，自强不息。简单地说，就是顽强拼搏、为国争光。在中国，“女排精神”早已超越体育的范畴，成为融入各项事业的宝贵精神财富，深深扎根于中国人民的心中，化作浓浓的解不开的国家情结。

什么是世赛之魂？如果说“女排精神”是用血汗浇灌的一个个球去拼搏，那么世赛之魂就是用执着专注、精雕细琢、创新进取熔铸的一个个产品去争金夺银。新一代中国青年技能人才正以世赛之魂展示出技能强国的信心和能力。

1．彭晨晞、陈鑫鹏、曾祥博：勠力同心，为国而战

有一块金牌，分量最重；有一块金牌，备受瞩目；有一块金牌，意蕴无穷——这就是世界技能大赛的三人制造团队挑战赛金牌。这块金牌为何如此特殊？制造团队挑战赛不仅是世界技能大赛全部56个项目中复杂性最高、完成难度最大、需要选手通力合作的一个项目，同时也是最能反映一个国家整体制造能力的竞赛项目。

制造团队挑战赛项目是指进行设备组件的设计与制作的竞赛项目。比赛中对选手的技能要求主要包括：具备设计知识，了解建模技术原理，掌握制图技术；具备机加工能力，按照图样要求完成设备组件加工；掌握钣金技术，完成金属板的加工；了解电子工程知识，设计控制电路，完成电子设备活动；掌握焊接技术并能进行焊接设备及工件装配。

制造团队挑战赛项目奖牌一直是历届世界技能大赛中各国激烈争夺的焦点。

2013 年第 42 届世界技能大赛我国第一次参加该项目，无缘该项奖牌。

在巴西圣保罗举行的第 43 届世界技能大赛，我国派出了由玉海龙、林春泷、钟世雄组成的参赛团队。

玉海龙（左）、林春泷（中）、钟世雄（右）

勠力同心，为国而战——这是玉海龙、林春泷、钟世雄的参赛口号，不是在嘴上，而是在心底绷紧了斗志，用行动积蓄了力量。

历史注定要记载这一天：2015 年 8 月 16 日，当大赛组委会宣布制造团队挑战赛项目名次时，全场寂然无声：第一名，中国，玉海龙、林春泷、钟世雄。

第 44 届世界技能大赛于 2017 年 10 月在阿联酋阿布扎比举行。制造团队挑战赛项目金牌被日本获得，中国获得铜牌。

制造业是国民经济的主体，是立国之本、兴国之器、强国之基。18 世纪中叶开启工业文明以来，世界强国的兴衰史和中华民族的奋斗史一再证明，没有强大的制造业，就没有国家和民族的强盛。打造具有国际竞争力的制造业是我国提升综合国力、保障国家安全、建设世界强国的必由之路。

当彭晨晞、陈鑫鹏、曾祥博加入制造团队挑战赛训练时，就深刻地意识到自己所肩负的历史使命。

“不管对手有多强大，你自己一定要努力做到极致——勠力同心，为国争光。”备战第 43 届世界技能大赛制造团队挑战赛的信念，自然成为这支新团队的核心理念。

彭晨晞，航空工业集团陕飞公司工艺员，2019 年 6 月 28 日，经过公司选拔赛、省赛、国赛层层选拔，正式入选制造团队挑战赛产品设计专业国家集训队。

产品设计是制造团队挑战赛的核心。对于 2016 年 7 月大学一毕业就从事一线航空零组件工艺技术工作的彭晨晞来说，两年多的工作经验和技术积累，为备赛提供了坚实的基础。但竞赛所需的综合技术和技能，必须从头开始训练。

单片机编程、C 语言编程、开发板程序烧写、实验，彭晨晞的技术积累发挥了作用：一串串运算符很快被一个个逻辑关系所串联，一个个设计功能很快被一个个输出结果所验证，一个个模型很快被一个个装置所取代……

到了电装阶段，之前从未接触过电烙铁的彭晨晞遇到了挑战——焊接只有十个元器件的电路用了一个多小时，不但焊点难看，几经测试，电路也时

彭晨晞

断时续。专家说，这大多是由虚焊造成，电子线路手工焊接质量的保证，需要依靠大量的基础训练和经验的提升积淀。

彭晨晞知道自己该怎么做：正确的焊接方法 + 大量的重复练习 + 刻骨的悉心体悟。最终，一个焊点 3 秒钟，连续 500 个焊点无差错。

彭晨晞说："我们是航空企业，本来就肩负着国家赋予的历史使命；我们是航空人，本来就承载着民族腾飞的千钧重任。为了国家和民族的千秋大业，新时代的青年必当自强奋起。"

陈鑫鹏、曾祥博都来自广东省机械技师学院。在这所久负盛名的技师学院，陈鑫鹏仅用 4 个月时间，就学完了普通学生需要用 3 年时间才能学完的机械基础、机械制图、公差及热处理等理论知识和数控加工实训常规课程。2015 年 8 月，陈鑫鹏以数控铣项目备选选手的身份，参加了在巴西圣保罗举行的第 43 届世界技能大赛。2018 年 1 月，陈鑫鹏再次出征，投入学校制造团队挑战赛的训练。多年的比赛经验和留校任教后的经历，让他能够多角度、多维度地认知自己的强项和不足，针对性的训练也更加富有成效。

陈鑫鹏

曾祥博入校第二年就被选拔到集训队。等待他的是身着单薄却不透气的工装忍受夏天 40 多摄氏度的高温和隆冬零摄氏度以下的寒意，以及每天 15 个小时以上的高强度训练。他扛过来了。2017 年，作为第 44 届

曾祥博

世界技能大赛综合机械与自动化项目备选选手，曾祥博来到了阿联酋阿布扎比，目睹了一块块金牌的诞生，切身度量了自己和顶尖高手的距离。为了备战制造团队挑战赛，2018年3月，他和彭晨晞、陈鑫鹏汇聚在世赛制造团队挑战赛项目国家集训基地——中航工业集团中国空空导弹研究院。

在这里，汇聚了国内一流的专家、教练：周春雷——中国空空导弹研究院高级工程师，孙红伟——中国航空无线电电子研究所工程师，还有一批像王勇、邵永志这样的机械制造、电路设计、结构设计方面的高级工程师、高级技师。

在这里，汇聚了国际一流的设备、工具：数控加工中心、电子工装平台、TIG焊机……

集训的日子飞逝而过，留下的是日渐精进的技术、更加坚定的信念，还有凝聚的内核、彼此的默契、共同的追求，铸就的是一个为国而战的不可分割的整体。

俄罗斯喀山，第45届世界技能大赛，设计、制造、组装、测试——严格的项目管理：三人团队分工合作、有机融合，从原材料到一台可以批量生产的样机，实地操作并稳定实现全部设计功能——这一切都必须在3天共计22个小时内完成。

彭晨晞、陈鑫鹏、曾祥博圆满地完成了这一过程。在登上冠军领奖台的时刻，三人互视的眼神表达的是同一个信息：我们没有辜负国家的期望和人民的重托。制造团队挑战赛，我们重夺金牌！

2. 张志坤：不放弃

2015年8月16日，第43届世界技能大赛在隆重的颁奖仪式后落下帷幕。和往届不一样的是，本次大赛有一个项目的金牌未能如期颁发——这就是中国队夺金呼声最高、选手张志坤和他的教练鲁宏勋志在必得的数控铣项目。

当中国队4个斩获金牌项目的6名选手和各国金牌选手欢呼雀跃地接受颁奖时，一向自诩已经长大、懂得担当，必须自信、顽强面对一切困难的张志坤，尽管极力克制，也难以掩饰内心的委屈、悲伤甚至痛苦——为了这一天，他已经整整奋斗了5年，而他的教练鲁宏勋同样也已经整整奋斗了5年。

数控铣不是一块普通的金牌。行内人都知道这块金牌的意义：数控水平标志着一个国家在精度加工领域的制造能力，标志着这个国家制造业的装备水平。对我国来说，数控水平的提高是我国从制造大国向制造强国迈进的重要标志之一。张志坤和鲁宏勋亲身感受到了这块金牌背后的激烈争夺："有些参赛国不相信、不愿意，甚至是不甘心中国拿到这枚金牌。"

对这次比赛，张志坤自认为发挥得很好，日常训练积累的各项技术技能都运用得非常到位。进入赛场后，他根据赛场的特殊状况，结合教练给出的提示，设计出了最合适的操作工艺，这套工艺方案能够确保所完成的产品达到应有的最高精度值。而在竞赛中，他专注到除了手中的工作，周边的一切都变得异常遥远，遥远到赛场中几十台机床同时发出的巨大轰鸣声也好像寂然无声。

三天三个模块，第一个模块检测仅扣了 0.1 分，第二个模块也只扣了 0.2 分，第三个模块，如果按评委原先决定的抽检方式，他的成绩应该是满分！一切都在自己的预料和掌控之中。随着各模块成绩的依次公布，他的名字最终被锁定在大赛官网的金牌榜中。

然而，出乎意料的是，两个小时后，组委会宣布临时撤销数控铣项目成绩。对此，第 43 届世界技能大赛组委会称，因为检测设备被个别国家代表队质疑出现技术故障，技术委员会临时改用手工检测。随后，又有代表队提出，手工不能全面检测各项技术指标，不能真实体现选手成绩，大赛组委会决定：继续采用机器检测，推迟颁奖时间。后来，张志坤和鲁宏勋才知道，中国队的夺冠无意间打破了一些制造业强国多年来在世赛数控铣项目轮流坐庄的局面，几国代表团推说测量仪可能出现技术故障，成绩需要重新评定。

对数控铣项目来说，本届大赛的“意外”应该是从比赛开始的时候就出现了。这个“意外”是本届大赛出题的方式一改往届由参赛国自带一套题目后抽签决

定，而是由第三方机构出题，并在比赛当天才公布题目，难度陡增。对此，张志坤深有体会："这次比赛比较意外的是，模块尺寸的量大了很多。比方说，第一个模块原先只有22处对尺寸和精度的要求比较高，比赛时突然加到了40处，那么需要注意的地方就更多了，反应也要更快，如果一个一个非常仔细去控制，可能时间到了还没做完。"

张志坤说，去现场拿到图纸才发现有很多规则之外的内容。"比如一个造型，以前一直训练的是某个规定的规格，比赛时又不是那个规格了。这时候，就全靠选手的技术积累和临场应变了。"

数控铣项目有27个国家和地区的选手参赛，比赛规则的改变和难度的提升让很多人猝不及防，最后完成所有内容的，只有张志坤和同台操作的韩国选手。而韩国已有十几届的参赛经验，最近几届都是他们夺冠。我们如何出奇制胜？

"德国、韩国、日本以及本届东道主巴西历届比赛都很强，是作为第一梯队奔着前三和金牌去的。"教练鲁宏勋说，"日本很重视数控加工项目，我们派出的是由一名专家、一名教练、一名选手和一名翻译组成的团队。日本在我们团队构成的基础上另外增加了三四名教练，专门在场外观察选手发挥情况，也有专人拿着摄像机去拍其他国家选手的表现，赛后回去仔细研究。但我们也有自己独特的训练方法，概括地说，就是从简单到复杂，再回归简单。"

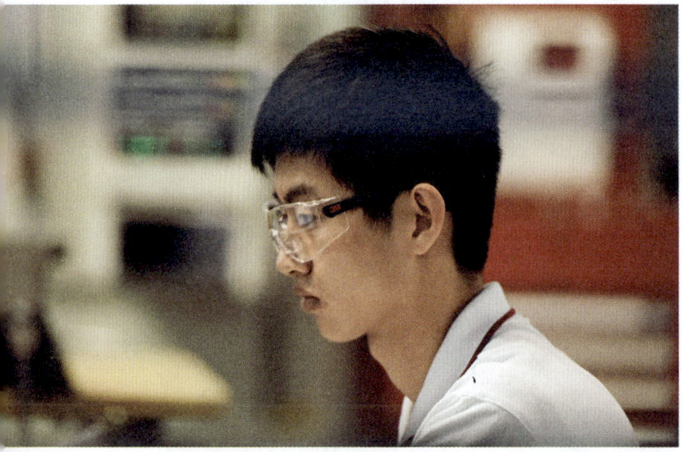

从学校来到集训队，张志坤受学校教学方式影响，大多采用较为单一的工艺方法去完成产品。这远远不能达到世界技能大赛试题灵活多变的要求，也不是一个高端数控操作师应有的工艺思维。

正式比赛前一个月，恰逢中国台湾选手来京交流，鲁宏勋出了一道看似简单的题目，却让选手们在操作中失误频出，完成结果偏差很大。大赛在即，这种失误让张志坤一时非常沮丧。

“我告诉他，这次小小的挫折，你要谨记两点：一是在高端竞赛中，选手间实力的差距并不明显，你失误，别人同样会有疏忽，遇事要沉着冷静，切忌怀疑自己；二是遇到再大的困难，‘放弃’二字绝不是你的选择，否则再好的技术技能也得不到很好的发挥。”鲁宏勋说。

得到“鲁大师”的真传，20 岁的张志坤不仅从这次挫折中掌握了应对比赛突发情况的处理方法，而且还调整了自己参加比赛的心态、增强了攻克工艺难题的信心。竞技场上，面对赛题的“意外”情况，他沉着冷静、思维清晰、操作娴熟，每个产品都是一气呵成，几乎达到完美——第一次成绩公布，他竟然获得最高分 99.7 分，即便是第二次人工检测，也仍然以 95.2 分的高分位居第一。

2010 年 9 月，中考失利的张志坤在父母的劝慰下来到了广东省机械技师学院。高中“放弃”了你，但你一定不要放弃自己；一技在手，遍行天下——这是父母对他的教诲。

老天在给你关上一扇门的同时，一定会给你打开一扇窗。这扇窗就这样被打开了——2011 年 4 月，张志坤走进了学校专门培养竞赛选手的精英班。在这里，他发现了自己的乐趣：给你一个工件的图样，你就要懂得如何进行工艺规划，如何合理选择刀具，如何定义各种切削参数，怎样编程并最终对工件进行加工，运用精湛的技术在数控铣床上做出精度极高的堪比艺术品的真实产品。在教练的悉心指导下，张志坤善于思考的特点和沉稳淡定的性格相辅相成，在数控铣这个对工艺要求极高的项目中完美结合。

2012 年 10 月，张志坤参加第五届全国数控技能大赛广东省选拔赛数控铣项目，获得第一名。

2012 年 12 月，张志坤参加第五届全国数控技能大赛全国总决赛数控铣项目，获得第二名。

2013 年 8 月，张志坤参加广东省职业技能大赛 CAD 设计项目，获得第二名。

2014 年 4 月，张志坤参加第 43 届世界技能大赛广东省选拔赛数控铣项目，获得第一名。

2014 年 6 月，张志坤参加第 43 届世界技能大赛全国选拔赛数控铣项目，获得第四名，并以此成绩进入国家集训队。

2015 年 3 月，张志坤参加第 43 届世界技能大赛数控铣项目中国队选手选拔赛，获得第一名，成为正选选手。

2015 年 6 月，张志坤参加第 43 届世界技能大赛英国邀请赛数控铣项目，获得第二名。

2015 年 8 月 26 日 21 时，世界技能组织主席西蒙 · 巴特利在世界技能组织官方网站通过视频向全世界郑重宣布：第 43 届世界技能大赛数控铣项目金牌获得者是中国选手张志坤。

通过网络颁奖，在世界技能大赛历史上这是第一次；被最终确认的成绩 99.7 分，是数控铣项目竞赛史上的最高分。这枚迟来的金牌分量太重，重到张志坤没有过多的激动，重到记者反复追问他成功的秘诀，腼腆而不善言辞的他只是淡淡地说了三个字：“不放弃！”

从最基础的知识和技能开始，每天坚持 10 个小时以上的学习和训练；独立完成 1000 多件高精度、高难度产品的加工，相当于一个熟练工人 8 ~ 10 年的工作量；这就是“不放弃”所承载的分量，而未来能够加工出最小噪声的潜艇螺旋桨则是张志坤更高的追求。

迟来的金牌，让张志坤失去了站在世界技能大赛最高领奖台上的机会。2016 年 1 月 4 日，在中央电视台《对话》栏目富丽堂皇的演播厅，人力资源社会保障部副部长汤涛作为颁奖嘉宾，在璀璨夺目的聚光灯下，将这枚沉甸甸的金牌庄重地挂在张志坤的胸前。

3. 陈子烽：砌筑技能新长城

2018年10月的一天，长沙，第45届世界技能大赛砌筑项目国家集训队的第一轮考核选拔开始了。考核场地在这个项目的集训基地之一——中建五局技工学校。第44届世界技能大赛砌筑项目的冠军梁智滨就曾在这里集训约一年的时间。

陈子烽

考核选拔现场紧张而沉默，只有取砖、铲灰、铺灰、摆砖的声响透露出平静表面下的激流涌动。来自广州的选手陈子烽将时间安排得刚刚好，而考核的结果也达到了他的预期目标，以93.3分获得第一名。首席专家也夸陈子烽很出色，还以他的作品为例进行了点评。又经过几轮选拔，陈子烽终于踏上同师兄梁智滨一样的道路——成为砌筑项目的正选选手。

1998年，陈子烽出生在广东汕头潮阳市的一个普通农家。初中二年级时，父亲突然因病去世，家中失去了顶梁柱，让陈子烽再也无心读书。尽管母亲坚决反对，他还是随村里打工的人来到深圳。他要闯出属于自己的一片天地，为母亲分忧，为自己奋斗。

陈子烽先在一家手机店做维修学徒，后来跟着村里的邻居学做手机销售。好像天生不是这块料，一年多下来，他认识到了自己在知识和技能上的缺乏。

2016年，在亲戚的推荐和帮助下，陈子烽选择了广州市建筑工程职业学校的工程测量专业就读。选这个专业是因为他擅长数学，有优势，而且农村学生可以免学费，不会给家里增加太大的负担。就读期间，刻苦的陈子烽成绩一直很突出，还获得过一项技能大赛的一等奖。

按部就班的生活在 2017 年发生了转折。当年 10 月，师兄梁智滨获得第 44 届世界技能大赛砌筑项目金牌。一时间，一股世赛热潮席卷全校，同学们纷纷报名了第 45 届世界技能大赛校园的海选，陈子烽就是其中一个。因报名人数很多，实训场空间有限，教练第一天就让同学们把场地里的砖头搬到外面，腾出场地来训练，很多人就走了。第二天来的人少了一半，陈子烽没想那么多，反正技多不压身。

从未碰过砂浆、砖块的陈子烽从零开始学起：先抹上砂浆，用手护住砖块边缘，将事先挑选好的砖块精准地放置在水泥上方，轻压一下，经过数个步骤，最后用铲子细心地将边缘多余的砂浆铲掉……每天重复练习的都是铲灰、铺灰、带灰等基本技术。刚开始，看似简单的动作，陈子烽自己做起来却异常生硬，铲多了，灰浆铺在砖上，太厚，铲少了，铺不满。陈子烽练了一遍又一遍，专心致志，勤勉不懈。这是陈子烽练习砌筑技能的一个片段，也是几年前梁智滨演绎的片段，两个身影跨越光阴长河，在共同的母校重合，在中建五局技工学校的训练场重合，更在世界技能大赛的赛场重合。但这不是简单的复制：看似平凡的“泥瓦匠”工作，按照世界技能大赛的要求，要砌好一面墙，需要做的功课远远不止这些外显的动作。

砌筑项目是指通过进行砌铺、垒石料、装玻璃或抹陶土等工作，建造内墙和外墙、隔断、壁炉、烟囱和其他建筑物的竞赛项目。比赛中对选手的技能要求主要包括：识图、放样和测量；按照图样进行项目施工；对不同材料采用手工切割或机械切割技术，将砖块定位并铺设到正确位置；根据规范对接缝进行表面处理。

为了对接世赛要求，精益求精的陈子烽调精度、勾灰缝、清洁墙面，把每一块砖都当作打分点，力求每一步的误差都无限接近于零。“沿着线切，抓稳，用力，不然会切成锯齿状的表面。”训练中，陈子烽似“老匠人”般精细地打磨着墙面的每一处小细节，不仅切割的表面要光滑，砌出来的圆也要足够圆。

不仅如此，为参加世界技能大赛，陈子烽还从“小白”变成精通切割机制作图案、熟练操作红外线检测仪等设备的行家里手。更关键的是，陈子烽练就了极高的忍耐力、专注力，面对紧张、繁杂的工作，能找到最合理的施工步骤，还不忘各种细节和清洁。

2019 年 8 月，俄罗斯喀山，陈子烽在赛场上一如两年前的梁智滨，自信、沉稳、娴熟。一块砖，又一块砖；一面墙，又一面墙；一个作品，又一个作品——陈子烽一路细心打磨每一个作品。

4 天 22 个小时，5 面艺术墙——陈子烽的作品犹如 5 幅精美的油画，征服了各种精密的专业测量仪，征服了各国专业评委。高速度、高精度、高颜值，陈子烽再次向世界展示了中国砌筑的最高水平。

砌筑在中国有着悠久的历史，蜿蜒的万里长城就是古代砌筑工人智慧和汗水的结晶。今天，当中国工匠将一座座现代化建筑建立在世界各地之时，当中建五局代表性建筑高度达到 438 米之时，中建五局技工学校世赛砌筑项目国家集训基地则以“两连冠”的闪闪金光向世界昭示：中国青年正在砌筑新时代中国技能新长城。

第二篇　新技能

18 世纪 60 年代起，学徒出身的仪器修理工詹姆斯·瓦特在前人研究成果的基础上对蒸汽机进行了一系列的改进、创新，最终发明出工业用蒸汽机，开启了人类历史上第一次工业革命。

工业时代的到来，催生了以操作机器为主的工业技能。传统手工业技能有许多被机器取代，人们越来越多地借助机器来提高生产效率和产品品质。现在，无论是农业技能、服务技能，还是最古老的建筑技能、烹饪技能都已离不开机器。

200 多年来，人类工业文明从蒸汽时代、电气时代迈入信息时代。经济社会的飞速发展、产业的不断升级、科技的持续进步越来越多、越来越快地被赋予各种职业技能新内涵、新要求。从总体看，经验型、操作型技能向知识型、复合型现代技能的转变已经成为不可逆转的趋势。

世界技能大赛竞赛内容广泛、项目丰富。截至 2019 年第 45 届世赛，共涵盖制造与工程技术、运输与物流、结构与建筑技术、信息与通信技术、创意艺术与时尚、社会与个人服务六大领域。具体项目的设置，则随全球经济的发展而有所调整，项目数量逐步增加。这些项目均具有下列特点：

- 能够体现提高竞争力和取得经济成就所必需的现代技能，如工业控制项目、数控项目、焊接项目、塑料模具工程项目、制冷与空调项目、3D 数字游戏艺术项目、时装技术项目。

- 能够体现知识社会中必须掌握的技能，如工业装调项目、原型制作项目、平面设计项目、商务软件解决方案项目、信息网络布线项目、CAD 机械设计项目、电气装置项目、车身修理项目。

● 能够体现完成工作所需的综合素养，包括创造力、问题解决能力和团队协作能力等，如制造团队挑战赛项目、机电一体化项目、移动机器人项目、网络系统管理项目。

● 能够发扬和传承文化遗产的技能，如珠宝加工项目、园艺项目、花艺项目、美容项目、砌筑项目、瓷砖贴面项目、建筑石雕项目、精细木工项目、烘焙项目、糖艺 / 西点制作项目、餐厅服务项目。

这些项目的设计与当代经济活动息息相关，充分反映了新经济形态对新技能的要求，其相关信息可以帮助预测相关产业领域技术技能的未来走势，所以吸引了许多世界级大公司或争相成为大赛的赞助商，或来到比赛现场展示相关产品、招募所需的技能人才。因此，参加世界技能大赛所需要的知识和技能，不但为当代相关领域企业所必需，而且蕴含着现代社会对技能人才的新内涵、新要求。

一、挑战

21 世纪，科学技术飞速发展，国际竞争日趋激烈，新知识、新材料、新工艺、新技能层出不穷。挑战究竟来自哪里？作为技工院校学生、未来的技能人才应该如何应对？世界技能大赛中国代表团的青年选手们用信念、用行动、用奖牌做出了回答。

1. 赵脯菠：我们又赢了

2011 年 10 月，英国伦敦，第 41 届世界技能大赛，中国首次出征，便一举斩获焊接项目银牌。

2013 年 7 月，德国莱比锡，第 42 届世界技能大赛，中国代表团再次出征，焊接项目选手的成绩本来处于领先地位，但由于裁判认为有“二次焊接”（首次焊接未到位而采取的补救措施）嫌疑，我国选手的部分成绩被取消。即便如此，由于优异的操作，最终作品也近乎完美，我国选手仍然排名第五，获得优胜奖。

2015年8月，巴西圣保罗，第43届世界技能大赛，中国焊接项目选手以无可争议的第一，拿下金牌。

2017年10月，阿联酋阿布扎比，第44届世界技能大赛，中国焊接项目选手再次夺金，成功卫冕。

2019年8月，俄罗斯喀山，第45届世界技能大赛，中国焊接项目选手再接再厉，第三次登上焊接技能之巅。

赵脯菠

王晨宇、曾正超、宁显海、赵脯菠四位中国小将，来自同一个单位——中国十九冶集团；来自同一所学校——攀枝花技师学院；师从同一个教练——中冶集团焊接技能大师周树春。

同一个信念、同一种精神，在接力中传承，在传承中迸发——中国焊接，必须用实力向世界证明自己！

从走进集训队的第一天起，赵脯菠就强烈地感受到这种信念和精神。

1997年，赵脯菠出生在四川省凉山彝族自治州会理县一个小村庄。初中毕业，稚气未脱的他毫不犹豫地选择了攀枝花技师学院，选择了焊接专业。焊工，传说中的“苦脏累”和技术要求高、工资报酬高捆绑在一起送进了他的耳朵。贫寒子弟选择少，没有过多思考，他做出了决定。

焊接确实又苦又累，但赵脯菠让自己更累：托砖，一托就是几个小时，这是为了增强腕力；练蹲功，时时处处是场地，蹲到大脑供血不足，站起来眼前发黑。这些都不是老师布置的作业，但赵脯菠就是要用更高的标准要求自己。也许，这就是大凉山的精神吧——他就是要让自己苦着、累着，在磨炼中成长！每当这个时候，他脑海中出现更多的是建筑工地上飞溅的焊花和这焊花绽放后的美好生活。

一场小型的焊接比赛，让赵脯菠有了新的想法。优胜者可以进入学校的精英班，在那里授课的主要是周树春——集团公司的首席技师。80多人参赛，赵脯菠以第一名的成绩如愿以偿地加入了精英班。这是他第一次参加竞赛。随后，就与竞赛结下了不解之缘。

接下来就是一场接一场大大小小的比赛了。赵脯菠总能胜出，似乎就是那么容易，容易到同学开玩笑地说："你可以躺着参加比赛了。"

2016年6月，赵脯菠以第44届世界技能大赛焊接项目四川省选拔赛第三名的成绩进入国家集训队，成为周树春的"直系"弟子。

2017年1月，赵脯菠以第44届世界技能大赛焊接项目国家集训队第三名的成绩落败。他的师兄宁显海成为正选选手，举着焊枪"杀向"阿联酋阿布扎比。

其实，赵脯菠从来没有感觉到胜出的"容易"，输给师兄他心服口服——代表国家参赛是为了捍卫中国焊接的荣誉，这个道理他一进入集训队就明白了，但和师兄比，这种意识还没有深入骨髓，在气势上自然就输了。

2017年4月，赵脯菠斩获第十三届全国工程建设系统职业技能竞赛焊接项目第二名。这是全国焊接业高手云集的竞赛，从中他感受到了来自企业一线的选手所体现出来的职业风范和工匠精神。

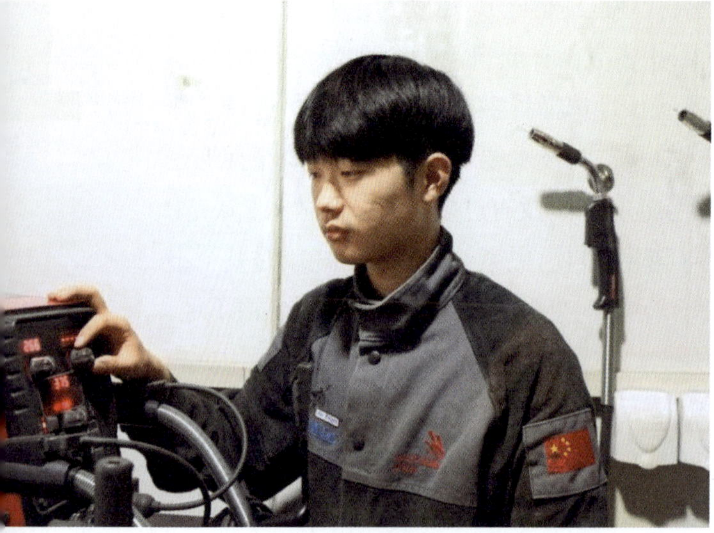

2018年3月，赵脯菠获得第45届世界技能大赛焊接项目四川省选拔赛第一名。6月，他以全国选拔赛第一名的成绩再次进入国家集训队。此时的他已是中国十九冶集团的一名焊工，少时的梦想已然实现，而冲击世界技能之巅的梦想又熊熊燃起。

重回母校，赵脯菠的信念只有八个字：中国焊工，焊接世界！这八个字，裴先峰、王晨宇、曾正超、宁显海已经用行动诠释了内涵，而自己要做的就是继承和弘扬。

近40摄氏度的高温、厚厚的焊接防护服、每天12个小时以上的训练，为了保证效果，焊接时还要关掉风扇……

大凉山里的孩子特别能吃苦，特别能战斗——这是第44、45届世界技能大赛焊接项目中国技术指导专家组组长刘景凤的评价。这个评价恰如其分。赵脯菠的战斗精神，更多来自自我挑战！当他最后成为正选选手时，这种自我挑战转化为“用实力捍卫中国焊接尊严”的神圣使命！

2019年8月22日，第45届世界技能大赛正式开始。

赛场，一块又一块亮红色的围挡，将来自38个国家和地区的选手一一隔开。围挡外，气氛平静祥和；围挡内，焊花飞溅璀璨。4天4个模块：单件焊接、低碳钢压力容器焊接、铝合金构件焊接、不锈钢构件焊接；4天3种材料、4种手工电弧焊方法，共计90条焊缝的焊接。

赵脯菠一手端着焊枪，一手捏着焊丝，在一块块钢板上轻点慢抹，火花四溅，缕缕青烟腾空而起。只见焊丝跟着焊枪的节奏匀速游走，焊缝在一层层弧形线条中慢慢展开，像鱼脊骨般均匀、平滑，焊纹如鱼鳞般致密、漂亮……

34个国家和地区的35名裁判集体评审，经射线探伤、压力测试、外观审查等多项评判，评审团给出了最后的成绩 93.53 分。距离比赛结束还有最后 5 分钟，赵脯菠从容地整理好工具，走出赛场，走向他的教练。和这个健壮的小伙子比，周树春显得有些瘦弱，像一位深情的老父亲，慈爱地守候已久。虽然没有悬念，但还是等到最后一刻，当地时间 2019 年 8 月 27 日晚，赵脯菠如愿登上了冠军领奖台。

闭幕式上，“中国焊接，我们又赢了”的横幅闪现赛场，外媒现场报道称，这是中国技能人才自信的象征。

焊接项目场地经理、澳大利亚焊接专家保罗在抵达悉尼机场后，给中国焊接专家刘景凤发来短信：中国获得金牌，实至名归。

2019 年 8 月 30 日，中冶集团董事长向赵脯菠颁发了“中冶集团首席技师”聘书。

2. 曾璐锋：静水深流

水处理技术项目是第 45 届世界技能大赛新增的项目。来自 11 个国家的选手参加了该项赛事。曾璐锋代表中国参赛。

水处理技术项目是指对生活或工业供水和废水处理系统进行管理、监控和维护的竞赛项目。比赛中对选手的技能要求主要包括：观察、识别、维护、控制和修理供水及废水处理系统的设备，并拟订相应的计划和报告等全部工作过程；掌握力学、化学、生物、电气、自动化和环境保护方面的知识；能够根据技术文件和竞赛规则，以及相关法律要求独立开展工作，在遵守安全、健康和环境保护规则的前提下，采取措施完成工作。

在每个城市，坚实的路面和矗立的高楼下，密密麻麻地布满了供电、通信、给排水等各式管网。水处理技术项目就是对其中的给排水管网系统进行管理、监控和维修。

2015 年 9 月，高中毕业的曾璐锋选择了江西环境工程职业学院环境工程技术专业。理由似乎有些“唐突”：生长在江西省中部土地最为肥美的城市，曾璐锋目睹了家乡的水质随当地经济发展而不断恶化，萌生了“给水治病”的想法。此前，父母极力让他报考医学院，却催生了他当“水医生”的梦想。现在看来，这条路是走对了。

曾璐锋

2018 年刚开春，曾璐锋接到了母校打来的电话，让他回校参加第 45 届世界技能大赛水处理技术项目比赛。这时，曾璐锋正在污水处理企业实习——每天，城市排出的各路污水汇聚于此，面对浊臭，取样、检测、分析、撰写测评报告，他的专业知识和技能在应用中得到了大幅度提升。这是对他在校期间勤奋苦读的最大回报，也是母校要他回校参赛的直接原因。

赛前有忐忑，结果没悬念。凭借在企业工作积累的经验、养成的职业素养和扎实的专业功底，2018 年 3 月，曾璐锋在江西省选拔赛中顺利出线。

顺风顺水的时间并不长，当国家选拔赛的考试大纲到手后，曾璐锋发现自己懂得太少，会得更少：各种用管网连接起来的设备性能、工作原理，管网阀门的拆卸、安装、维修，这些都是以前从未接触过的，更谈不上动手。

面对这突如其来的挑战，专家教练给出了解决方案：以系统工程的基本方法，将竞赛涉及的全部知识、技能组成一个网络，以点带面，再由面到点，重点突破。

世界技能大赛水处理技术项目的赛程为期 4 天，比赛内容分为 VR 仿真、机械操作、自动化控制、化学实验室工作、文档五大模块。其中，自动化控制、化学实验室工作和文档是曾璐锋的强项，最弱的是机械操作。于是，我们就看到学校的机械实训室里，灯光总是在零点之后才熄灭。一份当天的训练小结、一份第二天的工作任务及工艺要点细分计划书，是他每个凌晨熄灯前必做的功课。

整整 3 个月，2018 年 6 月，曾璐锋终于迎来了第 45 届世界技能大赛水处理技术项目全国选拔赛。

第一个模块是泵管阀的拆装。这个模块 20 分，曾璐锋只拿到了 3.5 分。“行到水穷处，坐看云起时。”这是唐朝诗人王维的名句，恰如其分地点出了曾璐锋当时的心境。后续的模块都在预估范围内，也拿到了应有的高分——总分第二，他再次出线。

国家集训队为曾璐锋量身定制了训练方案：主要训练对象为 Edukit PA（一种过程自动化教学单元）和泵管阀装置，并以此为中心向两端延伸。曾璐锋也有自己的训练方案：每两次做一次对比，找出弱项，进入下一个循环周期；看其他选手做，和自己对比，找出可以借鉴和改进的地方，进入下一个循环周期；最后考虑如何做得更好更快。其中的重点是拆卸重装后泵的水流量必须恢复如初。

严苛的考核选拔开始了。因为是世赛新设的项目，竞赛规则和评分标准一直在变。曾璐锋的应对之策是以不变应万变——将机械操作技能这个短板补上后，他以系统工程方法论为指导，只需在晚上将第二天的比赛流程在脑中过一遍，就可以正常发挥。

静水深流。2019 年 4 月，最后一次考核选拔，曾璐锋出奇地平静，尽管赛程异常艰难、赛点多有变化，但能引起他心理波动的只有工艺技术利弊的权衡和应对策略的选择。他获得了第一名，成为第 45 届世界技能大赛正选选手。一个月后，他如愿拿到了“一带一路”国际技能大赛水处理技术项目冠军；三个月后，他如愿拿到了世界技能大赛水处理技术项目的第一块金牌，将古老土地上人们为绿水青山而做的奋斗写进了世赛史册。

面对凯旋后的鲜花和掌声，曾璐锋一如往常地平静，他说：“国家培养了我，一切都是我该做的，今后会更努力地做好一切。”

3. 袁强：挑战岂止在赛场

工业控制主要是指使用计算机技术和电气手段，使工厂的生产和制造过程更加自动化、效率化、精确化，并具有可控性及可视性。工业控制技术的出现和推广深刻改变了相关产业的面貌。在世界范围内，使工厂的生产速度和效率成倍提高。20 世纪 80 年代，工业控制技术开始传入我国，经过 30 余年的发展，极大地推动了中国制造业自动化进程。但就我国工业控制整体状况来说，仍然滞后于欧美发达国家，成为制约“中国制造”走向“中国智造”的一个瓶颈。

袁强

世界技能大赛工业控制项目就是在这样的产业背景下设置的。项目是基于一个（或部分）工业生产流程做出的自动化控制模拟解决方案。项目要求选手进行电气及自动化设备的安装与测试；搭建工业控制中心并编写控制程序；诊断设备在运行过程中可能出现的各种问题，再根据查错原则，运用工具软件来隔离、排除故障。整个过程中，选手必须能够进行机电一体化的电路设计与修改，正确设置各种技术参数。

袁强参加的就是这个项目。2012 年 9 月，天资聪颖而中考失利的袁强从潍坊坊子区的一所农村中学进入山东工业技师学院“3+2”模式的五年制机电一体化专业学习。按照国家政策，这种“3+2”模式专业的前三年免费而后两年则需交纳学费。到 2015 年 7 月，为了节省后两年一万多元的学费，袁强被学院批准转入三年制工业机器人专业继续学习。这个为减轻父母负担又要求深造的举动不经意间让袁强与世界技能大赛结下了缘分。

2016 年 11 月，山东工业技师学院被确定为第 44 届世界技能大赛工业控制项目国家集训基地。袁强从这里起步，在多次考核选拔中以数次第一名、1 次第二名的辉煌战绩脱颖而出，代表国家出征阿布扎比。

如果说，工业控制技术的国际竞争是渐进的、隐性的，甚至是温和的，那么在赛场，这种国际竞争就是一场突发的“白刃战”。开赛第一天，原本是自己准备的工具和耗材，全部由大赛组委会统一配备；赛中最后一天，编程赛题的长度和难度全部超出预期——这对各国选手来说都是严峻的挑战。

“我的心态是很稳的，一直没有出现‘飘’的状况。我的目标只是拿个优胜奖，到第三天我自己估估成绩，进入前五名肯定没问题了，心态就更平和了，几乎到了一种超然的状态。

“第一天我的干劲就特别足，根本没有比赛的意识，就像平常在家里训练一样，但第二天下午就突然感觉特别困，在很蒙的状态中做了一个多小时才醒过神来，我反问自己，这一个多小时都干了些什么？于是，反过来检查已经接好的几百根导线，每个接头都查，花了很长的时间，还好没有任何失误。

“第三天的重点是诊断故障并排除。我做得很快，新规则规定，如果选手提前完成了当天的任务，就可以提前领到第四天编程模块的试题。

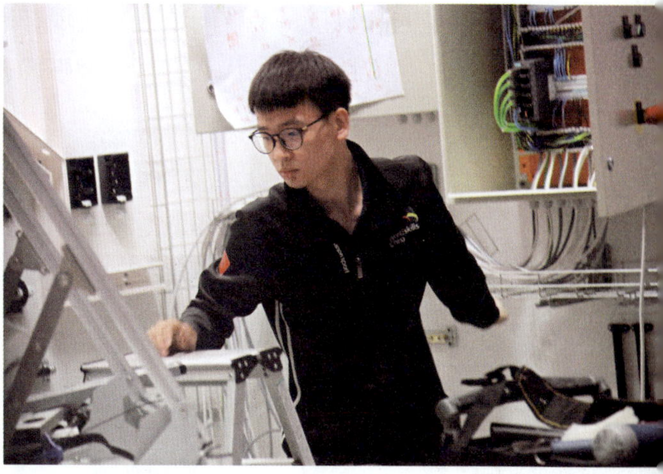

结果有5个国家的选手都提前了，但我是他们当中最快的。

“当天晚上，我看了编程试题，只有5页A4纸，上面有编程效果图和一些技术参数，感觉挺简单的，没想到第四天比赛拿到的试题有20多页，而且是A3纸，根本看不懂，翻译和首席专家讨论了许久也没弄明白。我旁边的韩国选手当场就哭了。我倒是没多想，按照自己的理解，编一点是一点。结果这个满分30分的模块，我只拿到了5.4分。在国内训练时，我的编程模块回回都是满分，因为我知道编程必须满分，否则整个控制系统就会瘫痪。

“欧美选手不用翻译，这是他们的语言优势；我的优势是超常发挥，几乎到了巅峰状态，就是编程模块一分不得，我也会拿到奖牌，只是根本没想到会拿金牌。”

阿布扎比当地时间2017年10月19日晚，袁强和瑞士、巴西两国选手分别以730分、729分、728分共同获得了工业控制项目的金牌。

赛后，袁强认真分析了自己的成败得失。他说：“本来这次挑战的对象是上届世赛前三甲的韩国、中国台湾和日本选手，尽管他们没有拿到奖牌，但他们的工位非常整洁，操作手法非常规范，这些是我没做到的。这次大赛我虽然非常注重细节，但仍然在排除故障环节出了错。不是我不会，而是操作不到位，不然这块金牌就是我一个人独得了。这是我以后必须改进的，细节决定成败，夺金牌如此，在实际工作中就更是如此了。”

袁强说：“工业控制对选手的理论水平和操作能力要求都非常高，

是典型的高科技、高技能项目。我现在已经留校任教了，我要让我的学生扎扎实实地学习，认认真真地做事，这样我国的工业控制技术才能在我们这一代人手中赶超世界水平。”

4. 杨登辉：王者荣耀

杨登辉是独生子，和很多独生子女一样，父母给他规划的人生道路是重点大学、出国留学。但杨登辉似乎天生就有“反骨”。初中毕业后，拗不过他的父母只好为他选择了深圳的一所职业学校就读，学习数控铣技术——尽管那时杨登辉根本不知道数控铣是干什么的，但因从小喜欢机械，父母替他选择了这个专业。没想到，这个选择不但让儿子非常喜欢，而且也为6年后中国收获一枚世界级技能金牌埋下了希望的种子。2014年7月，杨登辉以优异的成绩从学校毕业，随后考入广东省机械技师学院数控铣“世赛”班。

杨登辉

这时的杨登辉，不但已经深刻理解了数控铣这项技术对国家建设的意义，而且还有了自己的奋斗目标。用他自己的话说就是，“大到火箭、航母，小到手表、手机，都需要数控铣技术，或者直接生产相关的精密零件，或者通过这项技术生产出零件模具，再利用模具进行零件的批量生产”。他立志要做一个顶级的数控铣技术高手，要做王者对决中的“王中王”。

数控铣技术靠精度取胜。就一般工作流程而言，一名操作技师要根据零件图样、毛坯料和生产要求进行电脑绘图、程序编制，并将程序代码输入数控铣机床，同时将毛坯料装入机床夹具夹紧，然后启动机床并设定加工技术参数，从而生产出符合要求的零件。对于自动化程度很高的数控铣机床来说，完成这一过程并不难，难就难在对精度的控制。而影响精度的因素有许多，最直接的就是刀具。数控铣机床的刀具有上百种，必须对所有刀具的特点、性能、作用有透彻的理解，才能根据不同的零件材料、生产要求选择最合适的刀具。刀具选用不当，精度就无法控制。而对于一些精度要求特别高的零件，仅仅选出最合适的刀具还不够，还需要对刀刃进行极其精细的打磨才行，比如我国长征运载火箭加速度计中的一个零件，要求的精度误差不得超过1微米。1微米的长度大约相当于一根头发丝直径的七十分之一，千万别小看了这“1微米”，因为这微不足道的误差就可能在火箭升空后导致几公里的飞行偏差。因此，加工这个零件所使用刀具的刀刃都是在200倍显微镜下用特制的工具和高超的技艺磨制的。

杨登辉说，磨刀是数控铣机床操作技师的基本功，刀磨不好，精度就免谈。但精度还和夹具的选择及零件材料的装夹紧密相连，夹得太松肯定不行，但太紧也不行，这松与紧的平衡点和刀具铣削的速度有关，这就需要精确的计算和丰富的经验了。数控铣加工的一般都是精密而复杂的零件，有时温度的变化都会影响到精度。所以，要对精度进行准确把控，要考虑的因素极多也极细微。杨登辉对加工精度误差的掌控目标是0.02毫米以内，大约相当于一根头发丝的三分之一。一般情况下，这已经是一个非常高的精度了，任何环节哪怕是检测仪器、检测手法有一点差池，也会导致精度的改变。

除了这些技术因素外，心理的稳定性也会影响精度。读图、绘图、编程、装夹、参数设置、检测，以及加工过程中对机床运转声音的监听都需要注意力高度集中、精神高度紧张，如果懈怠了、疲劳了、焦虑了，都会影响思维的效率和操作的品质。比如在进军阿布扎比的一场国内选拔赛中，由于前两个半小时的高度紧张，精神稍微松懈了一下，杨登辉就误触了机床上的急停按钮，导致程序运行的整个坐标系紊乱，不得不多用了20分钟重新调整程序，校验基础技术参数，而此时对于最终产品的精度他已经心中无数了。所以，在高手云集的赛场，要成为技压群雄的“王中王”，除了一点运气之外，最终还是要靠过硬的技术和稳定的心理。

杨登辉说：“这次在阿布扎比，我就是奔着金牌去的。来自欧洲、亚洲制造强国选手夺金的压力，捍卫上届我国选手张志坤创下的金牌荣耀，让我没有退路。夺金是我的责任、我的追求，更是国家赋予我的使命。正是这种责任和使命，让我在训练中达到了忘我的境界。大家都玩手机游戏，我竟然一次也没玩过，现在想来，自己都觉得不可思议。”

六年磨一剑，巅峰对决的时刻到了。

阿布扎比当地时间2017年10月15日，第44届世界技能大赛正式开赛，杨登辉发现，这次是和日本选手站到了同一台机器前。

“同一台机器，同样的题目，这是一次必须胜利的比赛。”比赛当天，杨登辉带来一面更大的国旗。鲜艳的五星红旗，让中国代表团数控铣项目的工位格外醒目。

但真正的挑战来自赛题和测评。

一是本届世界技能大赛数控铣项目试题难度有点大，主要体现在一些零件图的图面紊乱、线型粗细不分、多处部位不符合工业设计制图标准，识别困难，明显有故意设置陷阱来测试选手空间想象能力的意图。

平时只要一看图样，就可以立即编辑三维影像的杨登辉也被迷惑了：电脑三维造型屡次失败，屡次推倒重来，时间就这样悄悄地溜走了；后续的编程时间被大大压缩，严重影响了进度。

此时，他瞄了眼日本选手，看到的是一脸的无奈和沮丧。他明白了，比赛是公平的，自己的难题同样是其他选手的难题。俗话说，狭路相逢勇者胜。情绪平静了，平静得像没有一丝涟漪的水面，如何“出招”也就有了章法。

二是来自裁判的测评分数和自己的检测结果不一致。对铣削好的零件按照图样标注的尺寸进行检测是一道基本工序，准确的检测也是确保零件精度合格的必备手段。但杨登辉自己检测合格的一些尺寸竟然被扣分了。是自己的问题，还是裁判的问题？裁判的问题自己无法左右，能左右的就只有自己，而自己唯一能做的就是按照自己的节奏和章法将下面的零件做得更好、更精。这一点，杨登辉做到了。

88.7 分，虽然这个成绩没有打破师兄张志坤在上届世赛中创下的世赛史上该项目的最高分纪录，却以绝对优势将银牌得主日本选手甩在身后，续写了世赛数控铣项目中国传奇，捍卫了金牌王者的国之荣耀……

5. 邓燚祯、叶子进：黄金搭档真英雄

机电一体化项目是团体赛，由两名选手共同参与。选手要运用搭建工业自动化系统所需的专业知识和技能，依据专业技术规范，根据比赛任务所提供的器材和工艺流程要求，完成一条自动化生产线的设计、组装、编程、调试及优化。

第 44 届世界技能大赛机电一体化项目的比赛内容是：根据大赛项目组提供的器材，设计安装出一条自动化生产线，在生产线上完成 15 克、18 克和 20 克三种重量规格小米的自动灌装并打包。所灌装的小米重量误差不得超过 1 克。

我国参加该项比赛的两名选手是邓燚祯、叶子进。为了这项比赛，两人从2013年就开始搭档，经过4年不懈的共同学习、训练和努力，才从广东省岭南工商第一技师学院来到阿布扎比参加这场需要彼此默契配合、各展所长，运用多学科知识与技能来打造金牌梦想的世界顶级赛事。两人中一个主要负责设计、编程、测试，一个主要负责装配、调试、优化。两人性格迥异：一个性急、果断、心细，一个内敛、稳重、干练。然而，两人作风一致：专注认真、精益求精。

邓燚祯（右）和叶子进（左）

不要小看了这个小小的像个智能玩具的装置。这是一条“真实”的生产线，只是尺寸被大幅度缩小了而已。因为要将小米准确地自动灌装，分量完全符合预设的要求，机电一体化系统的五个要素一个都不能少，一点都不能错。

第一个要素是机械本体，这需要运用机械技术，使用机身、框架、支撑件、连接件等部件将生产线各个部分组装起来。

第二个要素是动力源，就是依据系统控制要求，为系统提供强电、弱电等动力，使系统正常运行。

第三个要素是检测与传感装置，就是要运用相关探测传感器，对系统运行所需要的各种参数和状态进行检测，并将检测结果变成可识别的信号，然后传输给电脑。

第四个要素是控制及信息处理，就是借助计算机信息技术，将来自测试传感器的信息及外部直接输入的指令进行集中、存储、分析、加工处理后，按照信息处理结果和规定的程序与节奏发出相应的指令，控制整个系统运行。

第五个要素是执行机构，就是根据控制及信息处理部分发出的指令，完成规定的动作和功能。

邓燚祯、叶子进要共同完成的就是上述机电一体化技术五个要素相关知识和技能在小米自动灌装生产线上的完美结合。而要完成这个任务，要学习的东西太多了，要注重的细节也大多在毫厘之间。

在一次训练中，历经几天精心装配、反复调试好的生产线终于可以运行了。通电前，在教练的监督下，两人对视片刻，充满自信地按下了电源开关，但生产线却没有任何反应，一时间两个人都愣住了，不知所措，恨恨地关闭电源，再重新按下——指示灯亮了，系统运行了！怎么回事？在教练的指导下，两个人一步一步地追溯原因，终于发现，编写的程序由于接收和发出信息涉及的部件太多，首次启动时个别运行程序没有即时恢复到初始状态，二次启动则能解决这个问题。这又是为什么？卸载部件不可能，那就要优化部件之间的匹配关系，优化执行程序。

这样的训练周而复始，总是有这样或者那样的问题，防不胜防，难以预料，而训练的成绩总是在 70 分上下，难以突破。他们甚至质问教练，为什么总是加大题目难度，让他们备受折磨和打击；他们甚至怀疑自己，是否真的有能力挑战世赛，是否真的有能力驾驭机电一体化这复杂无比的高难技术。

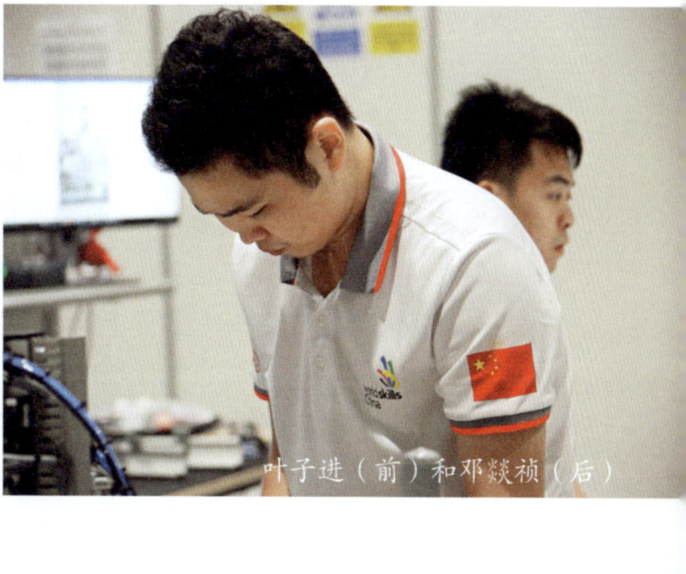
叶子进（前）和邓燚祯（后）

当专家组在国家集训基地提出 PLC（可编程控制器）之间的通信要用以太网通信，而当时使用的 PLC 不支持这个功能，新的 PLC 型号也没有定下来时，教练列出了所有相关 PLC 型号，编制好选型、使用手册，并将所有可能出现的技术问题及其解决方案也编辑成册，交到他们手上。看到教练比自己还辛苦，两个人默默无语，不知不觉地竟然又回到训练场地，认真消化教练编制的手册和方案，全然不知又一个黎明已经来临。

这一路跌跌撞撞就是 4 年，终于来到了最后的赛场。37 个国家的选手同台打擂，比拼的不是拳脚，而是心智和心境。最后，他们赢了，虽然赢得很艰难，但赢得很豪气。第一，这次他们得到了 92 分多一点，就是这小数点后的一点点，让他们虽与巴西选手并列获得金牌，却是事实上的最高分。要知道，在国内的选拔赛中，他们的最好成绩也从未超过 80 分，不是因为国内的赛题难，而是他们学得更多、做得更好。第二，在比赛的最后一个环节，调试前几天组装的自动化工程系统并实现相关功能的时候，他们及时发现了赛场提供的灌装重量标准件超过了误差范围，及时申请更换标准件并反复检验，之后迅速跑回工位调零、称重、修改参数、调试程序。可见，这 92 分多一点里蕴含着多少常人难以体会的心悸和精心。

4 天，6 个任务，18 个小时。哨声响起，比赛结束！邓燚祯说，当比赛结束时，自己感觉整个人都要虚脱了。

当金牌佩挂在他们胸前，两人泪流满面。

二、超越

“一技在手，走遍天下”，说的是一个普遍的道理。但“技不如人”和“技胜一筹”却有着天壤之别。超越就是要做到“技胜一筹”。一是要实现自我的不断超越，二是要做到在合作中超越对手。而要做到这两点，就必须执着专注、精益求精。这不仅表现在世赛中，更表现在平时的学习、训练中，表现在日后的生活、工作中。

1. 胡耿军、郑棋元：历史的改写

北京时间 2019 年 8 月 28 日凌晨 1 时 25 分，喧嚣的城市已是一片寂

静，而广州市机电技师学院、云南技师学院报告厅内却一片欢腾。此时的俄罗斯喀山，第 45 届世界技能大赛颁奖仪式上，胡耿军、郑棋元正高举五星红旗，胸佩金牌，站在移动机器人项目冠军领奖台上振臂高呼！

移动机器人项目代表着机电一体化成就的最高集成，是集环境感知、路径规划、动作控制等多功能于一体的综合系统。比赛中对选手的技能要求主要包括：能够设计、生产、装配、组建、编程、管理和保养机器人内部的机械、电路、控制系统；安装、操作机器人的控制系统；测试机器人各部件和整体性能，确保其符合行业标准。

第 44 届世界技能大赛，我国在该项目上获得铜牌。而该项目金牌自第 40 届起，一直被韩国队垄断。一个要争取六连冠，一个要实现金牌零的突破。非常巧合的是，第 45 届世界技能大赛比赛现场，由抽签决定的工位，两个国家相向而立。

第 45 届世界技能大赛的赛题是模拟工厂的物流分解。根据现场临时公布的任务，选手设计并组装机器人，编写计算机程序，通过遥控将指令发送给机器人，将不同的货物分运到指定地点。而机器人行走的路线上有坡道、有障碍，有小弧度转弯、有锐角转向……

胡耿军（立者）和郑棋元（坐者）

惊心动魄的 4 天。

第一天的比赛是基础功能测试，两个国家都是满分。

第二天的比赛算是最难的。大家面对的都是完全未知的比赛任务，每个队伍都要使出看家本领才可以。

比赛开始前有 10 分钟时间，各队可以去一个全新的场地，测量自己所需的尺寸。

胡耿军和郑棋元进行了分工，测到所需的尺寸后，他们有 1 个小时的编程时间——根据任务和场地情况编写程序。然后，各参赛队轮流到场地里面进行功能调试，一共可以轮到 4 次，每次 15 分钟调试时间，其余时间只能在编程区活动。

第一次调试，胡耿军和郑棋元就被当头打了一棍。由于之前测量场地时忽略了一个重要元素的位置参数，程序卡死，无法完成既定任务。意外产生的惊悸只持续了几秒钟，两人迅速冷静下来，找到了问题的症结，制定了新的方案。15 分钟就这样转瞬即逝，重新编写程序。随着时间的流逝，压力变得越来越大，手里写着代码，脑中想着下一步可能出现的问题。第四次调试，完全成功。这一天，中国队丢掉了 1.3 分，而韩国队是满分。

第三天的比赛惊险又刺激。第一阶段测试，机器人无故停在原地长达 40 多秒一动不动。场内场外一片寂静，胡耿军、郑棋元都能听到自己的心跳声。就在大家都以为不能往下运行的时候，机器人又开始了正常工作，大概和人一样，它也需要喘口气吧。但接下来的测试还有 4 分钟，胡耿军、郑棋元希望亲手设计组装的机器人能和自己一样敢于拼搏，而且争分夺秒。倒计时

胡耿军

的数字在一秒一秒地减少——快点，快点，再快点。当机器人完成任务回到原点，胡耿军和郑棋元用最快的语速喊出结束指令。也几乎就在同一时刻，裁判也喊出了停止的口令。两个指令间隔不超过 1 秒。

第四天，胡耿军和郑棋元奋勇直追，每轮测试平均用时在 4 分 30 秒左右，韩国队平均用时在 8 分钟左右。在技术水平难分伯仲的情况下，唯有时间优势才能将前面的差距缩小，实现反超。

2019 年 8 月 27 日的喀山之夜，注定是胡耿军和郑棋元的冠军之夜。

颁奖仪式上，煎熬了一个多小时，终于轮到移动机器人项目了，不出意外，主持人再次喊出了“China”。

“金牌!”胡耿军和郑棋元一举打破了韩国队的金牌垄断，改写了这个项目的世赛历史，鲜艳的五星红旗再一次出现在大屏幕上。身披鲜艳的五星红旗，胡耿军和郑棋元一路奔跑，站在了第 45 届世界技能大赛移动机器人项目的最高领奖台上。

胡耿军的冠军之旅是从 2017 年 11 月开始的。这位 2001 年出生的青年，2016 年 9 月入读广州市机电技师学院机电一体化专业（自动化方向），担任班级学习委员。经过选拔，2017 年 11 月，胡耿军成了一名学校世界技能大赛移动机器人项目集训队队员。在这个陌生的领域，经过一个多月的持续学习，胡耿军终于能控制机器人完成简单的动作，他发现看似无聊的机器动作里却蕴含着无尽的乐趣，他迅速成长起来。

过关斩将的日子，胡耿军最大的特点就是每当教练问“耿军，师兄完成的这个任务，你能不能完成，给你两周时间”时，他总是毫不犹豫地回答：“能!”这不是大话，他确实完成了，至于其间独到的领悟和方法的运用，全在他对自己的自我管理“程序”里。

面带微笑，话语不多，这是郑棋元给人的第一印象。7 年前，郑棋元怎么也不会想到，自己能够成为中国代表团的一员，代表国家、代表云南、代表学校，出征第 45 届世界技能大赛。

2012 年初中毕业，郑棋元就读于云南技师学院，在学习的前两年时间里，由于思想不够成熟，学习成绩不是很突出。即便如此，郑棋元心里总是还想要做点什么，总想着怎样才能改变平常的自己。用他后来对记者说的一句话就是：“谁的青春不迷茫，唯有奋斗最幸福。”这个奋斗的潜在意识，让他邂逅了世界技能大赛移动机器人项目。

2014 年，郑棋元的梦就从这时启航了！这年，郑棋元报名参加了第 43 届世界技能大赛机电一体化项目云南省选拔赛。第一次出战，就获得省赛第一名，但遗憾地止步于国赛。

此后的一年，郑棋元静下心来，从头开始。

2016 年年初，第 44 届世界技能大赛开始进行国内选拔赛。郑棋元正式加入了移动机器人项目的比赛。

顺利晋级国家集训队，这个成绩来得平静而突然。郑棋元给自己定下的目标是能够代表国家出征阿联酋阿布扎比。但是，现实依然是那么残酷。首轮考核选拔，郑棋元名列倒数第一。瞬间从高处跌到谷底，让郑棋元赛后好长一段时间都难以接受这个现实。

2018 年年初，郑棋元已经在企业实习工作了一年多的时间，企业教会了他许多需要感悟才能内化的东西。当学校告知他第 45 届世界技能大赛移动机器人项

目即将选拔选手的消息时，他立刻收拾行囊，回到了学校。

郑棋元（左）和胡耿军（右）

此时，郑棋元已经解开了上一次赛后的困惑，最根本的问题不是技术比别人差，而是目的性太强，急功近利，只想着成绩，虽然也付出很多，也很努力，但是过程却显得有些敷衍，导致最终的结果和预期相去甚远。由此，郑棋元也明白了一件事情，自己最大的对手并不是别人，而是自己！只要超越了自己，想要的东西不过只是附属品罢了。想明白了这些，问题就迎刃而解了。

此后的比赛和训练，郑棋元只想做得比昨天、比上一次好一点点，多让自己进步一点点就行。

2019 年 4 月，郑棋元如愿拿到了第 45 届世界技能大赛移动机器人项目的“通行证”。

最终，胡耿军与郑棋元会师国家集训队，共同走向了喀山。

喀山赛场，胡耿军设计的机器人虽然在分拣上有所失误，但胜在体积小、灵活度高、速度快，与郑棋元近乎完美的编程珠联璧合，为追赶、反超提供了坚实的硬件保证。

中国工业化的发展是先进制造业、新兴产业领域高质量发展的结果，而世界技能大赛移动机器人项目是精密制造、物联网和人工智能技术相融合的高度机电一体化的比赛项目，从设备制造到程序设计和操作控制，都体现了中国工业化的先进水平。中国用几十年时间走完了发达国家几百年走过的工业化历程。伴随着快速工业化进程和工业化阶段的飞跃，智能制造产业成为助力中国高质量发展的生力军，移动机器人的兴起则是其中的一个代表。

95.5 分，这个成绩表明移动机器人项目所代表的中国智能制造所需创新型技能人才正在茁壮成长。

2. 郑玉辉：七年，只为这一刻

当地时间 2019 年 8 月 23 日 9 时，俄罗斯喀山，第 45 届世界技能大赛正式开赛。郑玉辉早已做好各项赛前准备，然后郑重地将五星红旗悬挂在自己的工位上。

就在同一赛场，他的师兄师弟们——广东省机械技师学院的田镇基、黄晓呈、陈鑫鹏、曾祥博、卢森锐，在数控铣、数控车、制造团队挑战赛、塑料模具工程项目比赛工位上枕戈待旦。

郑玉辉此次参加的是综合机械与自动化项目。

针对这个项目，广东省机械技师学院 2014 年起厉兵秣马；2015 年第 43 届世界技能大赛，该校学生首次代表国家参赛，获得铜牌；2017 年第 44 届世界技能大赛，再次代表国家参赛，获得银牌。显而易见，郑玉辉本届的使命是夺取金牌。而在这个项目上，实力强劲的巴西队已经连续三届获得冠军。

综合机械与自动化项目是指使用普通机床生产加工各种零部件，将零部件装配成相应的机构或装置，同时完成电路安装、气动连接和 PLC 控制，实现机构或装置自动化运行的竞赛项目。比赛中对选手的技能要求主要包括：掌握机械工程与制造工艺、通用机床操作技能、液压与气动技术、电气安装与控制技术、机械装调与维修技能、PLC 编程与自动化控制技术，严格遵守安全与健康操作规程，掌握设备安装的检修排查、故障诊断等，能够纠正工厂生产线存在的问题。

综合机械与自动化作为21世纪出现的一种新技术，是一种全球化的技术，在制造业应用十分广泛。其主要功能和特点有：能显著降低传统机械技术造成的生产过程中原材料和能源损耗，产品正品率大幅度提高，操作时间大大缩短，生产安全性也有着相较于传统机械技师而言更为可靠的保证。因此，在“中国制造”向“中国智造”的转型升级过程中，综合机械与自动化技术的发展有着举足轻重的作用。

第45届世界技能大赛综合机械与自动化项目的赛题是制造并组装一台机械手自动倒酒装置。22个小时内，选手需要运用车、铣等方式加工出装置所需绝大部分精密的零部件，同时运用PLC编程与自动化控制技术设计、调试出能自动完成伸出机械手臂、抓取酒杯、平稳移动、准确将杯内液体倒入指定容器的自动控制装置。

拿到赛题，在其他选手已经操作的情况下，郑玉辉用了半个多小时不停地在纸上写写画画，还不时地进行着各种计算。这是他平时训练养成的习惯，不管花多少时间，必须彻底理解自己的目标任务：完成这个任务需要用到哪些机器、工具，涉及哪些工艺规范，应用何种最优程序，达到怎样的质量标准，最低需要耗费多少工时……

郑玉辉

车床加工、铣床加工、电路控制装置板设计与布线、PLC编程与运行、机械手装配、电气控制系统装配、整机功能调试，这是郑玉辉计划的工作模块和基础流程；机床加工工艺、电路设计安装工艺、编程工艺、整机装配工艺、功能调试工艺，这些不用写出来，郑玉辉早就烂熟于心。最后，得出本次比赛的核心要素——速度与精度。

22个小时的比赛，环环紧扣，步步到位，可谓是一气呵成。比赛结束，当郑玉辉看着自己的作品，自如地抓起一个酒杯，稳稳地转运到指定位置，精准地将液体倒入容器时，很多选手还没有完成整机的组装或停留在调试阶段。

郑玉辉赢了，打破了巴西的金牌垄断，开创了属于中国技能选手的一个新时代。

与此同时，他的同窗也战果辉煌：田镇基赢得了数控铣第三块金牌，黄晓呈成功摘取了中国代表队为之奋斗了整整9年的数控车金牌，彭晨晞、陈鑫鹏、曾祥博团队将一度失去的制造团队挑战赛金牌再次收入囊中，而卢森锐也一举斩获了塑料模具工程项目铜牌。

“所有的努力，不是为了让别人觉得你了不起，而是为了能让自己打心里看得起自己。”这是凯旋后，郑玉辉向媒体说的一句话。

2012年6月，中考失利，带着失落，郑玉辉报考了广东省机械技师学院。很快，他就被这所顶级技师学院的各种数控设备所吸引。一年后，他被学院选拔到世界技能大赛预备选手集训队，有了自己的新目标。随之而来的就是他用最喜欢的一句话所概括的训练历程：“人生的奔跑，不在于瞬间的爆发，而是取决于途中的坚持，你纵有千百个理由放弃，也要找一个理由坚持。”

2014 年，郑玉辉冲击国赛失败。

2017 年，郑玉辉冲击国家正选选手失败。

郑玉辉没有放弃。一次次参加比赛，一次次检讨得失，一次次工艺改进，一次次技能精进。为了提高应变能力，郑玉辉增加了挑战难度，选择最差的工位；操作中，在加工程序里故意少输一个“0”，导致零件“过切”，再用备选工艺纠正回来；使用更加苛刻的标准去评测做出的零件……

2019 年 3 月，郑玉辉成为正选选手。

“火力全开，终结巴西队世界技能大赛综合机械与自动化项目的三连冠纪录，赢得金牌。”这是赴俄罗斯参赛前，郑玉辉给自己设定的目标。尽管当时没有说出口，但跃上冠军领奖台，在现场观众的掌声、尖叫声中，郑玉辉挥动着五星红旗，向着天空，大声喊出了一句：“我做到了！”

为了这一刻，郑玉辉整整奋斗了 7 年。

2013 年 12 月，获广东省机械技师学院“最快进步奖”。

2014 年 9 月，获第六届全国数控技能大赛数控铣工项目广东省选拔赛第三名。

2015 年 7 月，获广东省 CAD 图形设计职业技能竞赛二等奖。

2016 年 1 月，获广东省机械技师学院“年度优秀学生”。

2016 年 5 月，获第 44 届世界技能大赛综合机械与自动化项目广东省选拔赛第三名。

2016 年 9 月，获第 44 届世界技能大赛综合机械与自动化项目全国选拔赛第二名。

2016 年 10 月，获第七届全国数控技能大赛数控铣工项目广东省选拔赛第二名。

2016 年 11 月，获第七届全国数控技能大赛总决赛数控铣工项目第一名。

2017 年 3 月，获第 44 届世界技能大赛综合机械与自动化项目国家集训队选拔赛第三名。

2017 年 3 月，获“全国技术能手”荣誉称号。

2018 年 4 月，获第 45 届世界技能大赛综合机械与自动化项目广东省选拔赛第一名。

2018 年 5 月，获广东省机械技师学院“优秀团员”荣誉称号。

2018 年 5 月，获广东省“优秀共青团员”荣誉称号。

2018 年 6 月，获第 45 届世界技能大赛综合机械与自动化项目全国选拔赛第一名。

2019 年 3 月，获第 45 届世界技能大赛综合机械与自动化项目国家集训队考核选拔第一名。

2019 年 8 月，获第 45 届世界技能大赛综合机械与自动化项目第一名——中国代表团在这个项目上的第一块金牌。

3. 蒋应成：0.01 毫米的对决

一辆崭新的轿车，直接将其锃光瓦亮的油漆刮花，汽车喷漆工需要将刮花的整面车身油漆刮掉，重新整修喷漆后，无论是肉眼还是仪器都无法分辨出哪儿是原来的漆面，哪儿是后喷的漆面。一辆使用过的旧车，哪怕已经开了 5 年甚至 10 年，颜色已经黯淡的车身如果被剐蹭，汽车喷漆工修整喷漆后，无论是肉眼还是仪器，还是无法分辨出哪儿是原来的漆面，哪儿是刚喷的漆面。这就是一名顶尖汽车喷漆工的绝技。而要达到这个境界，一层漆的厚度误差不能超过 0.01 毫米，也就是一根头发丝的六分之一，这是必须练就的一项基本功。因为误差如果超过了 0.01 毫米，漆面的颜色、光泽度、纹理等都会出现变化，甚至还会出现流挂等现象。这就意味着这次修整喷漆的失败。蒋应成的金牌梦就是在这 0.01 毫米之内的擂台上，与来自 26 个国家和地区的高手对决中实现的。

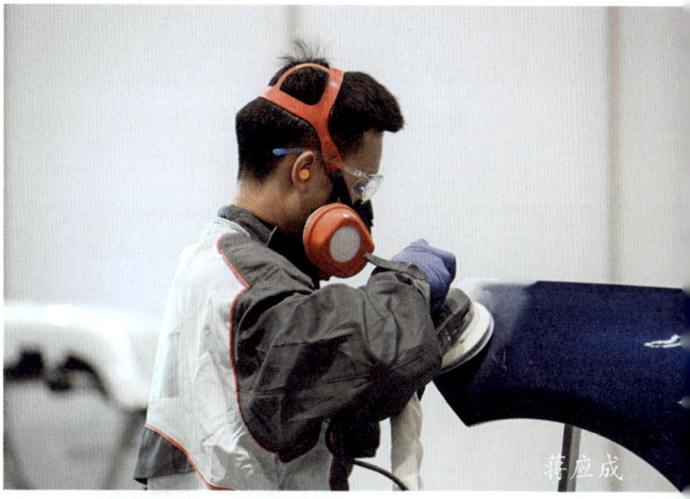
蒋应成

蒋应成一亮相就受到了各国教练、专家的关注。这是预料之中的，中国是这个项目第 43 届的冠军，而第 43 届这块金牌的得主正是蒋应成的师兄杨金龙。他的工作区与观众的距离也最近，近到只有不到 3 米，隔着透明的玻璃隔板，蒋应成能看到人群中恩师梁思龙和师兄杨金龙的微笑，能感受到恩师和师兄内心的祈祷和祝福。

竞赛用的是奔驰的一款新车，漆面修整指定的部位是车门。尽管这个车型在国内没有见过不算是个问题，尽管这 0.01 毫米的基本功让蒋应成充满自信，但竞赛用的底漆竟然是整个亚洲市场尚未上市的新品，之前只是听说但根本就没有使用过，看着产品说明书上密密麻麻的英文，蒋应成有些心慌。在翻译的帮助下，将这款新品的性能、使用方法、注意事项弄清楚只是第一步，如何将这款从未使用过的底漆和黏合促进剂进行适当的配比，底漆填充剂、封闭剂和这款底漆的性能如何达到最佳配合，如何使这款与面漆颜色不一样的底漆在双色混合后能做到和原面漆颜色完全一致，这些都需要试验，稍有差池就会造成无可挽回的后果。蒋应成思考了整整 20 分钟，在进行了两次微量尝试后，他果断拿起了喷枪……

失误还是发生了。在国内训练时对新喷漆面所用的漆护通常以纸质为主，而赛场只提供了一种新型的塑料漆护薄膜，别无选择。按照纸质漆护的方法贴面，半小时后裁判检测时，其中一张竟然脱落——这一项被扣去整整 4 分。

被扣分的还远不止这一项。第 44 届比赛的车身图案喷绘模块，难度远远超过了第 43 届，也超出了平时的训练范围。一是图案整体尺寸特别大，涉及车身的不同部位，而图案构成带有鲜明的阿布扎比地方元素，类似标识又不是标识——如何理解图案的内涵？对内涵的理解没有严格的评价标准，关键是看裁判的主观感受，如果理解不到位，被扣了分也许自己都不知道扣在哪里、因为什么扣。二是图样标注的尺寸充满陷阱，猛一看几乎混乱一片；这尺寸的评判可是客观的，不符合就丢分，而且丢得会让人不甘心。这次，蒋应成不得不再次停下手中所有的活，仔细研究图样和尺寸。但比赛毕竟是有时间限制的，何况在难度加大的情况下，第 44 届比赛用时只有 16 个小时，比第 43 届大幅减少了 4 个小时。

蒋应成开始细心地用各色胶带纸在车身上贴出自己理解的图案。这些各种颜色的胶带纸如何使用也是有讲究的，什么颜色用在什么部位，表示什么意思，用错了也要扣分，哪怕最后喷出的图案无可挑剔。蒋应成赛后回忆说：“我把重点放在对图案内涵的理解上了；操作中需特别注意弧形和立面相切的地方，要保证相切吻合自然；再就是渐进色的色调过渡，必须和谐均衡。还好，最后的检测只是在大尺寸上被扣了 4 分，内部细节只丢掉了 0.1 分。”

说到第 44 届比赛的难点，蒋应成印象深刻的还有一点，就是油漆用量的控制，这也是第43届比赛所没有的。一个漆面的完成需要用多少油漆，大赛项目裁判组控制了总量，用多了油漆可能不够，任务不能完成；用少了，就意味着工艺不到位——每个漆面至少要喷涂5层，有时需要喷涂6层，如果只喷涂4层，就是“偷工减料”。因此，没有0.01毫米的功夫，这最后油漆的称重就会让人前功尽弃。好在这一点上，蒋应成获得了满分。

2012年9月，初中毕业的蒋应成进入杭州技师学院汽车整形与涂装专业学习。到2017年10月19日，为了这0.01毫米擂台上的世赛金牌，他奋斗了整整5年。

2015年，蒋应成参加第43届世界技能大赛汽车喷漆项目国内选拔赛，最后惜败在同门师兄杨金龙的手下。此后一切归零，重新参加第44届世界技能大赛国内选拔赛，终于成为汽车喷漆项目正选选手。

能否实现汽车喷漆项目的再次夺冠？这是一个不用明确回答的问题。尽管竞赛心理辅导师让他忘掉金牌、放松心态，但蒋应成赛后说：“真正忘掉金牌，是在比赛开始后的半个小时，太多的意外、太多的挑战，让我只能专注手里的活，心无旁骛、目中无人，连3米外的观众乃至一直注视自己比赛的师傅和师兄也视而不见。”

在阿布扎比的比赛现场有一面“心愿墙”，上面贴满用各国语言书写的祝福。其中一张红色的纸片上写着“蒋应成必胜!”的字样，那是教练梁思龙的“作品”。

世界技能大赛中国代表团汽车喷漆项目专家组组长、美国庞贝捷漆油贸易（上海）有限公司培训及售后总监张小鹏说：“在世界技能大赛竞赛史上，汽车喷漆项目由一个国家蝉联冠军，第44届是第一次。”从这个意义上说，蒋应成创造了“历史”。

4. 崔兆举：蜗牛与雄鹰

2017年10月23日，刚刚从阿联酋阿布扎比回到杭州的浙江建设技师学院学生崔兆举忙着收拾行囊，准备起程回安徽砀山老家。已经一年

崔兆举

多没有回过家的崔兆举，将给亲人带去一份特殊的礼物——世界技能大赛瓷砖贴面项目金牌。

2014 年 9 月，初中毕业的崔兆举被父亲和大姨父带到杭州，送进了浙江建设技师学院。他的父亲和大姨父都是搞建筑的小包工头。本意是让他学一点专业技术，以后也可以做一个包工头，一生可以衣食无忧。想不到，这一学竟然学成了一个世界冠军。

“找对基准线，否则砌得越高摔得越重。”这是瓦工出身的父亲在他入学时教给他的法则。开始，崔兆举并不理解这句话的含义。他去过父亲和大姨父的建筑工地，在他的印象中，贴瓷砖有点技术含量但并不复杂，就是在瓷砖背面抹上水泥粘到墙上，压实做平，看上去横平竖直、美观漂亮就可以了。没想到，进入学校的世赛特训班后，这看似简单的活却别有洞天、玄机重重。

瓷砖切割机、手提式瓷砖切割锯、测量工具的性能和使用，建筑识图、丈量面积、计算瓷砖用量，找平、粘贴、镶嵌、勾缝、高标准的平整度与光洁度，黏合剂、石膏、水泥与水的配比，最佳工艺的选择、流畅的操作手法和恰当力度的把握、细腻稳定的施工心理，成品的细节、图案的精确、整体的贴面美观效果等，都需要学习、适应和掌握。

按照世赛标准进行的训练，其实也是日常建筑施工的技术规范。但要真正按照这个规范和标准施工，没有精益求精、专注执着的精神是根本不可能做到的。在训练过程中，“差不多就行了”这个念头无数次出现在崔兆举的脑海里，但都被他强行控制住。尽管如此，在国内的选拔赛中，大多数时候他都是以“命悬一线”的名次晋级。直到国家集训队“十进五”的考核选拔，他才名列第一，并保持到最后，拿到进军阿布扎比的入场券。

“超越自己，才能战胜对手。”这是崔兆举在国家集训队考核选拔成绩不理想时，贴面总教练于建友对他说的话。这个时候，崔兆举已经能够理解这句话的深刻含义了。他索性将自己比作一只蜗牛，再慢的速度，也要一点一点地向前。但是否能够真正超越自己，只有到了真正的赛场上才能见到真正的结果。

第 44 届世界技能大赛正式开始了。第一天，崔兆举就遭遇了一系列连专家组、教练组都未曾预料到的突发状况——对上届比赛规则的改变。

● 自备的手提式瓷砖切割锯不允许使用，因为这在比赛中可能会存在安全隐患，保障选手的人身安全是世界技能大赛排位第一的绝对理念和原则。

● 自备的直角尺、水平尺、靠尺不能用，由大赛组委会统一配备；而裁判组检测的方法也不公开，这是为了保证比赛的公平、公正，这也是世赛的基本理念和原则。

● 每个模块的评分点、整个作品的评分规则不清楚；裁判由各国专家组组长组成，但每个裁判只负责其中一部分，全部检测规则和标准只有首席专家才掌握。

● 瓷砖贴面使用的墙体为泡沫塑料，质地非常轻，轻到用手轻轻一摇就会晃动，这大大增加了贴面的难度；而平时的训练都是在砖墙上进行的，这个难度对

每名选手的考验都一样，真正的实力较量，可能就是在这举手即可托起的墙体上。

● 用来贴面的瓷砖厚度和强度大大增加，尤其是瓷砖釉面的强度，达到了国内训练所用瓷砖的 2 倍以上，这对切割、粘贴、镶嵌都提出了新的要求。

● 黏合剂的黏性和训练时所用不同，用多少水进行配比才最合适？贴到泡沫墙上的瓷砖，怎样才能既粘得牢又不会有多余黏合剂被挤出砖缝而留下污渍？

“我国是建筑业大国，也是建筑业强国。但前三届世赛，我国均与奖牌无缘。这次面对如此挑战，如何赛出国家的骄傲、贴出自己的水平？路径只有一个：结合建筑施工质量分析中的‘人、机、料、法、环’等几个因素进行综合分析，形成成熟的施工方案，将作品做到极致、无可挑剔。”这是于建友大师对他说的肺腑之言。

崔兆举很快调整好心态。砖缝允许间隙是 1 毫米，他做到 0.5 毫米；平整度允许水平尺下一张 A4 纸无法插进，他做到不透光；他能快速在墙体和瓷砖背面均匀涂抹黏合剂，在最恰当的时间内贴上墙面，既增强了粘贴牢固度又无多余溢出；对图案镶嵌和凸面拼接中的不规则形状瓷砖，他借助玻璃刀徒手整形，速度比机器切割打磨快、精度高，切面又非常细腻；他采用自上而下这种最适合自己的贴面工艺，保证垂直度没有丝毫偏差，砖缝又始终控制在 0.5 毫米……

4 天 22 个小时，崔兆举顺利完成了两面墙的瓷砖贴面。当阿联酋地标建筑和阿联酋国徽主体图案雄鹰出现在泡沫墙体上时，由各国专家组组长组成的裁判组所有成员都被震撼了。崔兆举最终以 736 分的总分高居瓷砖贴面项目榜首。赛后，原本一脸严肃的首席专家破天荒地微笑着向崔兆举竖起了大拇指。

2017 年 10 月 24 日上午 8 时，安徽砀山火车站，当崔兆举和父亲手握到一起的时候，他的父亲啊的一声抽出了自己的手，说：“好小子，没想到你的手现在这么给力!”

5. 杨山巍：让自己做得更好

“18 岁时，我是第 43 届世界技能大赛车身修理项目中国队备选选手。今年 20 岁，我将代表中国征战阿布扎比技能大赛。我将尽我所能，在第 44 届世界技能大赛车身修理项目比赛中不留遗憾。”这是杨山巍出征阿布扎比前在朋友圈里写的一句话。赛前读起来颇有些凝重，赛后重读却让人动容。

杨山巍

1997 年 11 月，杨山巍出生在四川资阳的一个农民家庭，父母很早就来上海打工，相较许多留守儿童，他的幸运是能够在父母身边长大，并且于 2012 年 7 月在上海市松江区完成初中学业后，进入上海市杨浦职业技术学校汽车专业学习。在这里，他选择了汽车钣金这个一般人不愿意干的专业。因为在 4S 店修理车间里，那些面目全非的事故车，必须经过拆卸、换件、整修、焊接、安装、调整等一整套流程才能恢复原样，车况异常复杂，修理非常辛苦。

虽然在大都市长大，杨山巍依然具有祖辈农民的那份质朴和坚韧，对“知识改变命运，技能成就梦想”的渴望，让他一年级时就在校内技能比赛中崭露头角。2014 年，他成功入选第 43 届世界技能大赛车身修理项目国家集训队，但在最后的考核选拔中遗憾地以微弱劣势惜败于自己的师兄罗良，成为那届大赛的备选选手。

失败，是因为自己还没有做到更好——这是杨山巍自己总结出的唯一结论。

2015 年 6 月，杨山巍以第 43 届世界技能大赛备选选手和职业院校技能大赛车身修理项目一等奖获得者的身份毕业。如此优秀的毕业生，对 4S 店来说如获至宝。所以，我们在 4S 店修理车间所见的那些面目全非的事故车，就自然成为他工作的对象。

让自己做得更好！工作后的杨山巍遇到了比备赛训练更多、更复杂、更艰巨的实际工作问题。在计件工资制度下，他没有追求速度，而是将每个老问题做到最好，将每个新问题研究到胸有成竹。经他修理的车辆备受客户的认可，没有投诉，更没有返修。修坏如新，不仅在外观，更在于功能——这就是作为一个企业员工对车身修理的理解。为此，必须让自己做得更好！

2016 年 8 月，杨山巍被母校召回，以教师身份参加第 44 届世界技能大赛车身修理项目的国内选拔赛。这一次，他如愿成为一名正选选手。

我国在参加世界技能大赛车身修理项目的历史上，第 42 届获得优胜奖，第 43 届获得银牌，第 44 届应该获得什么奖牌？这是个无须回答的问题，杨山巍出征前的那段话，就是对金牌的渴望，也是对祖国的一个允诺。

一名选手，六位裁判，六路监控，三天半共 22 个小时的完整流程。出征前，杨山巍就是在这样的环境下完成了第 44 届世界技能大赛车身修理项目首轮整车高强度、全仿真模拟测试训练。

在这次仿真模拟测试训练中，杨山巍得知了自己的短板是薄板拉焊。这是一个很难稳定操作的工艺。板材薄，要拉焊（不间断地一焊到底），很容易穿孔或未焊透，拉焊的熔池也比较难控制。再就是精度的控制，焊道的评分标准是高度不超过 2 毫米，因为他自定的标准是 1 毫米，就需要相对长的比赛用时。

有句话说得好，不知道自己的长处没关系，不知道自己的短处问题就大了。知道自己的短板，就一定有解决的办法。知识与技能的融合，心态与技巧的匹配，通过反复的针对性训练，就可以达到物我两忘的境界。

2017 年 10 月 9 日，杨山巍和支撑他的团队抵达阿联酋阿布扎比。

这是需要自己不留遗憾的比赛，而且机会只有一次。面对比赛当天才拿到的试题，杨山巍发现和平时的训练有很大的不同，但他没有惊慌，因为在 4S 店工作一年所积累的经验告诉他，不管试题如何变化，车身修理的基本工艺和质量标准是不会变的，何况自己一直做得比企业标准要高很多。世赛的宗旨不是为难选手，而是要让选手充分理解项目的行业要求和质量标准，只要自己掌握的知识和技能能够对接这个行业的世界标准，就一定能够符合竞赛的要求。

事实也验证了杨山巍的判断。赛后公布的结果表明，只有杨山巍和瑞士、英国选手完成了全部比赛模块。更重要的是，“修复完的东西要能够重新装回去，和没有受过损伤的新车一样，拿原厂标准衡量”的评分规则让他获得了优势。就这一点，让杨山巍感觉自己做得还可以，没有留下什么遗憾。

没有悬念，杨山巍拿到了这块金牌。

让自己做得更好，就是对自己的超越，对标准的超越。凯旋后的杨山巍已经符合上海市引进技能人才的标准，同时也被上汽集团破格录用为正式员工。未来，他将和先于他入厂的师兄罗良一起，在上汽这个中国最大的汽车集团公司发挥自己的作用，续写自己的金牌人生。

三、创新

创新并不玄妙，只要你肯动脑筋，就会有足够的创意。回顾人类科技发展史，许多改变人类命运的发明创造都源自工匠的创新。而我国当代的大国工匠们就是在工作中不断优化自己的操作、改良自己的工具，从而使工作效率更高、产品质量更好。竞赛中的创新可以有效地解决突发的一些问题，而这种解决突发问题的能力就是创新能力。这种创新是新时代、新技能的必备内涵，有了创新的意识，就能够在学习和工作实践中迎来人生的飞跃。

1. 郑权：来自东方的雕塑

石雕是指用各种可雕、可刻的石头，创造出具有一定空间的可视、可触的艺术形象，借以反映社会生活，表达艺术家的审美感受、审美情感、审美理想的艺术。

石雕，在我国有着悠久的历史，其种类繁多，被广泛应用于宫殿、园林、桥梁、宅邸及日常生活的各个方面。天安门前的华表、卢沟桥上的石狮可谓是中国古代石雕的杰出代表。2008 年，石雕被列入国家级非物质文化遗产名录。

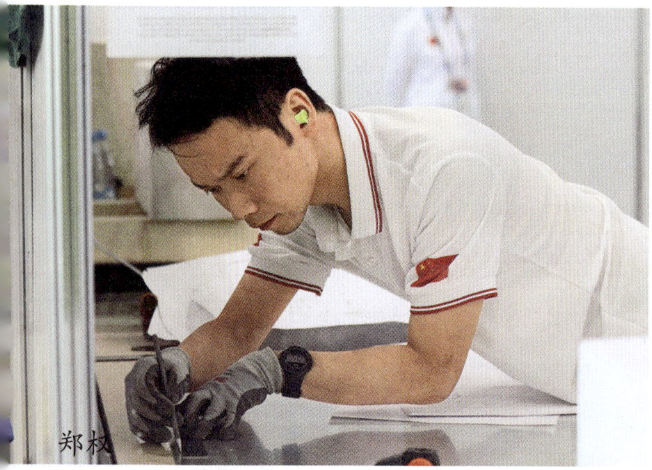
郑权

石雕，在欧洲同样有着悠久的历史。著名的泰塔斯凯旋门是罗马现存最古老的拱门建筑，通体附以石雕。

2017 年 10 月，世界技能大赛中国组委会决定，从第 45 届世界技能大赛起，中国代表团正式参加该项目的比赛。

2017 年 11 月，就读黄山职业技术学院雕刻艺术设计专业才两个月的郑权正式加入建筑石雕项目集训队，走进了东方建筑石雕和西方建筑石雕碰撞、交流和融合的大门。

握刀、用锤、打坯，从这些最基础的工艺学起。100 多千克的石块，一点一点地变小；郑权手上的老茧一点一点地增厚；9 平方米大小的操作间，日日重复单调的工作。郑权一步一步地在练习作品和日常测试中初露锋芒。郑权说："东西方建筑石雕只是风格不同，其基本功和建筑精髓其实是高度一致的。我国古代建筑石雕更强调圆润变化，欧洲古典建筑石雕更强调平滑方正，掌握了特征，技法的应用就有了指南。"也许，这就是郑权一路过关斩将，率先开通了从黄山到喀山第一段赛道的秘籍。2018 年 6 月，郑权以全国选拔赛第一名的成绩入选第 45 届世界技能大赛建筑石雕项目国家集训队。

任何训练都是枯燥乏味的。对建筑石雕项目来说，体能和耐力是最大的考验。精雕细琢、千锤百炼，用的是铁锤、刻刀和砂纸，没有捷径，只有反复训练和不懈坚持。但郑权能够将这种重复转化成一种复制艺术，在不停地复制中寻找创造的灵感和灵动，他努力寻找着最佳的下锤力度和雕刻走线点面，努力使每一个练习作品，甚至切下的边角料都成为凹凸有致的艺术品。

代表国家出征喀山是郑权的目标，但终极目标是吃透欧洲建筑雕塑的精髓，只有这样才能与欧洲选手抗衡，也只有这样才能让自己有望成为一名融中西方文化于一身的石雕艺术家，而不是一个只会勾勒切磨的简单石匠。这种追求，让他手下的每一块石料都有了既规则又玄妙的形态，每一根线条都有了既精准又独特的韵味，每一个点面组合都有了既分明又和谐的画面。教练说，郑权的训练有一个与众不同的地方，就是一个点、一个面、一个宽度、一个走线，他都要弄清背后的原理，弄清技艺背后的构图意蕴，这是他迅速提升技艺的独到之处。

2019 年 3 月，成为正选选手的郑权开始赛前的强化训练。教练团队请来了欧洲建筑石雕大师进行指导，带着郑权赴英国参加交流赛事。亲耳聆听来自欧洲建筑石雕的声音，亲手触摸欧洲建筑石雕的体肤，郑权对以欧洲建筑构件为主的赛题有了新的理解。他向教练提出了新的申请，延长训练时间，为的就是吃透建筑构件的灵魂，他要一气呵成地将这种吃透了的灵魂在石料上复活。

比赛正式开始。第 45 届世界技能大赛建筑石雕项目比赛共分为 3 个模块，包括模板制作、刻字刻花以及石具雕刻，赛程为 4 天，累计比赛时间为 22 个小时。

看到图样的那一刻，郑权内心不禁一阵紧张，因为图样标示的工作量远超往届，难度比上一届起码高出 30%。这是一场高强度、高精准度的较量，每一个环节都不允许有毫厘的错失，对选手的技能水平、应变能力都是一场考验。郑权有点硬着头皮也要上的感觉，这种感觉让他在刻字刻花模块上丢掉了不少分数。

第三个模块是石具雕刻。郑权一下将图样上抽象的线条在脑海中还原成一座恢宏建筑上的构件——建筑是有生命的，而手上将要加工的构件，就是这生命之声、灵魂之源。17 个小时，两块石具在郑权手上成型。当郑权最后用水清洗石具的时候，一旁的英国专家不由得称赞道："中国选手真的非常善于思考。"另一位匈牙利专家说："这样精准的造型，实在是令人赞叹，在没有机器雕刻的古代，这是一件顶级石雕工艺师才能做出的作品。"

莫斯科时间 2019 年 8 月 27 日晚，第 45 届世界技能大赛闭幕式，建筑石雕是第一个颁奖的项目。所有人都屏住呼吸，等待宣布第一块金牌的声音："China。"那一刻，郑权如梦初醒，披着鲜艳的五星红旗，一路狂奔，兴奋地冲向舞台，第一个站上了第 45 届世界技能大赛的最高领奖台。

赛前，谁都没有想到这个全部由欧洲元素、欧洲文化浸透的建筑石雕项目金牌，会被一名中国选手获得。赛后立刻就有西方媒体在报道中这样写道："一个来自东方的青年石雕家，拿走了建筑石雕金牌；而同场竞技的奥地利、法国选手只能屈居银牌。"

2019 年 8 月 14 日，第 45 届世界技能大赛中国代表队出征喀山的前一天，黄山市领导寄语郑权，出征世界技能大赛，要有黄山的风骨、徽匠的气度，用技能架起新时代东西方的桥梁，为国争光。

来自黄山的郑权做到了。

2. 黄枫杰："极客"金牌

黄枫杰是广州市技师学院"极客"社的社长。在这个自诩聪明、崇尚科技、喜欢自由制作创意作品的学生社团，黄枫杰被社员誉为"点子大王"，曾创下一天写出上百个奇思妙想的极客纪录，设计并参与制作了无人机、激光雕刻机、全曲面绘图机。所以，当学院成立世赛原型制作项目特训班时，他就成了不二人选。

原型制作是当代制造业广泛使用的一项技术。通俗地说，就是在一款新的产品研发出来时，先做一个出来，看看设计、结构、功能是否能达到预期的要求。如果符合要求，就会进行模具生产；如果不符合，就从中找出问题，对原设计进行改进。所以，原型制作要求制作者具有非常高的智慧应用、创新思维和技能操作能力。

黄枫杰

第44届世界技能大赛原型制作项目的赛题是按照图样做出一艘无人驾驶潜水艇的外壳外形。题目难度似乎不大，好像就是做出一个模型来，但是舱盖放在哪里，按键如何摆布，能提供哪些功能等，需要选手自己设计。这个设计既要在电脑上用三维图像直观地显现出来，更要借助机械加工、手工将其制作出来，并且必须和自己设计的图样完全一致——这就非常有难度了，而且这个难度在赛场上被大大地提高了。

题目是在赛前3天才公布的，而真正比赛时又被修改了30%。最要命的是制作材料由原来指定的仿木材料，换成了一种树脂材料，两者硬度差别极大。黄枫杰之前没有了解过，甚至没有摸过，而且上面有槽有孔，这就意味着要把这些有缺陷的材料修补成完全没有缺陷的毛坯才能使用。即便如此，材料尺寸小、数量少，一点不容浪费，计算不好就不够用，不够用时可以申领，但必须付出丢分的代价。设备的使用也受到了限制，所有选手共用一台机床，无论车、铣、钻、磨，均遵循用前申报、先到先得，同时申报者前一环节用时少者优先的原则，而且机床连续使用不得超过2小时，这就意味着选手必须各自合理安排工序，以避免申报使用机床排队而浪费时间。最考验人的是比赛提供的纸质图样有多处暗藏的不合理，需要选手自己纠错，这意味着如果纠错不到位，就画不出或者画不对CAD图样，而纠错到位则需要延长研究图样的时间。

2012 年 9 月，中考成绩优秀的黄枫杰放弃了普通高中，不顾父母的反对，径自选择了广州市技师学院模具设计与制造专业。而他选择的理由竟然是从小喜欢爷爷耕田用的拖拉机。也许，这就是他大脑中的“极客”基因吧。而广州市技师学院竟然有这样的社团，让这个基因不断突变，进而埋下了金牌的种子。

2013 年 11 月，刚刚二年级的黄枫杰就参加了世界技能大赛的选拔赛，以 CAD 项目获得广东省三等奖。2015 年，他以学院“极客”社社长的身份被推荐进入学院原型制作项目特训班，由此开启了他的原型制作之旅。

原型制作项目是指根据给定的原型设计图样，使用三维 CAD 软件进行原型三维建模和局部自由设计，并生成工程图；按照工程图的要求使用指定的材料，运用普通车削、普通铣削、数控铣削、3D 打印、手工等工艺方法制作模型，并对模型进行表面处理和喷涂装饰的竞赛项目。

原型制作是通过机械加工综合技术的运用，考察选手创意设计、工艺规划及精细制造的能力。原型制作人才是实现“中国制造”走向“中国智造”必须拥有的高端人才。

原型制作项目是将设计师的设计图样变为实物。在原型制作过程中，每一道工序如何处理才能提高日后的生产效率，也是需要考虑的。大量制造企业都需要这样的技术，这也是产品投入大批量生产的重要一环。

当明白了原型制作的意义后，黄枫杰坚定了自己的选择，明确了自己的方向，而当这种对于制作加工的原始兴趣和后生目标结合时，黄枫杰爆发出了令教练团队都难以置信的能力。

“他很沉稳，学习能力强，操作精度高，善于分析总结训练中的成败得失，有拼劲、能吃苦。”这是教练赵晓霞对黄枫杰的评价。

“我们都叫他‘黄一刀’。”第 44 届世界技能大赛原型制作项目国家集训基地的教练说，“他能透彻理解图样并按照部件制作步骤精确计算、精准操作，无论是 CAD 绘图、建模，还是用机床切割、铣孔、刨削都是一次性成功。”

从特训班综合考核到国内各级选拔赛，再到最后进军阿联酋阿布扎比的两强争霸，根据给定的原型设计图样，运用三维 CAD 软件进行原型建模与局部自由设计，生成工程图，使用指定材料并运用车、铣、钳、抛光、表面处理等工艺，完成设计、生产、加工，直至制作成型，黄枫杰均以风卷残云之势名列榜首，成为原型制作中国首次参赛当之无愧的第一名。

2017 年 10 月 19 日，阿联酋阿布扎比第 44 届世界技能大赛颁奖仪式上，当原型制作项目金牌得主黄枫杰的名字响起时，黄枫杰感到这幸福来得似乎太快了。

赛后，在回答记者如何取胜的原因时，黄枫杰回忆了比赛的一些场景。第一天建模完成后，当其他选手急着去编程时，他却率先申请使用机床。这让他在大赛首日就获得主动权，因为在后期大家会争着使用机床。将自己机床使用优势发挥好，预留更多的时间给手工打磨，可以将最后的细节做得更好——韩国选手就是因为手工打磨阶段耗时太多，内心焦急而不慎割伤了手，被扣了分；巴西、日本等国家的选手也因为手工打磨精度不够而丢了分。

由于本次大赛从题目到比赛过程的变数太多，从材料到规则许多环节都出乎意料，最后只有 4 名选手完成了作品，黄枫杰不但是这 4 名选手之一，而且是唯一没有被扣细节分的选手，也是用时、用料最少的选手。

什么是“极客”？极客就是不按常理出牌。什么是“极客金牌”？极客金牌就是乔布斯将被咬了一口的“烂”苹果神奇地打造成风靡全球的“金”苹果。

第 44 届世界技能大赛中国代表团原型制作项目专家组组长、华南理工大学副教授熊志勇指出，原型制作项目的特点就是综合技能的交叉运用，培养的目标就是复合型人才。从创新的角度而言，只有复合型人才才能系统性地做出真正的创新产品。中国制造业发展的核心就是创新驱动，而原型制作很好地扮演了这一角色。

3. 梁嘉伟：光纤使命

将电脑数据线两端的水晶头分别插入电脑和墙体的网线插座，我们就可以用电脑上网，在信息的海洋里畅游。当我们用智能手机上网购物、通话传讯息的时候，请别忘记在这方便快捷的无形网络空间背后，是信息网络布线技术的基础支撑，而造成网络不畅、速度缓慢的因素有 70% 都源自布线质量不高。所以，信息网络布线与信息时代我们的日常生活、工作息息相关，是信息网络技术高速发展的基础。

2015 年，我国首次参加世界技能大赛信息网络布线项目，选手林洪伟获得一枚宝贵的铜牌。而这个项目自设立以来，前三位多被日本、韩国、新加坡选手垄断。作为世界上最大的网络国家，在这项信息网络基础技术上夺金，是中国选手必然的责任和使命。

2017 年，这个责任落到了梁嘉伟的肩上，强烈的使命感让这位 24 岁的青年教师立下了一个最基本的目标——超越日本。

作为第 44 届世界技能大赛信息网络布线项目二级赞助商，广东唯康教育科技股份有限公司提供了本次信息网络布线比赛的标准平台和全部铜缆链路比赛材料。用国产设备挑战世赛，用独创技术超越日本，已经成为中国代表团信息网络布线项目竞赛团队的共识。但这一切都需要梁嘉伟用金牌来实现。

梁嘉伟

光纤光缆园区布线、模拟整栋大楼布线、家庭智能楼宇布线、光纤熔接速度大赛和故障排除测试是信息网络布线项目各国选手比拼的五个模块。每个模块又由若干具体的技术节点组成。从基础的技术节点开始训练，是教练团队制定的一个基本策略。

制作网线水晶头是网络布线中最基础的一项技术。第 43 届世界技能大赛中国选手林洪伟的最快速度是 17 秒，而日本、韩国选手的速度是 15 秒，能不能达到 15 秒，甚至更快？梁嘉伟反复研究日本选手比赛视频中的技术动作，再用 3 台摄像机从多个角度拍摄自己的操作过程。通过对比发现，自己的操作过程中有两个多余的动作，有一个可以改进的动作。经过 3 个多月的针对性训练，梁嘉伟将自己制作一个水晶头的时间稳定在了 15 秒，有时能够达到 14 秒。

光纤熔接是一个独立的专门比拼速度的模块，为了在这个模块获得竞争优势，梁嘉伟创新了一套独有的光纤熔接法。10个手指同时完成4项不同的工作，堪比钢琴家的演奏。梁嘉伟用这套方法在世赛实际比赛中，创下了30分钟有效熔接85芯的纪录，这个纪录远远超过了一般技术人员30分钟20多芯的速度，也远远超过了这个模块第二名日本选手72芯的历史最好成绩。第44届世界技能大赛信息网络布线项目首席专家是日本代表团专家组组长，他不但认可了这个速度，而且表示这项纪录已经遥遥领先，除非熔接设备的性能得到提升，否则就很难再被超越。

2009年7月，梁嘉伟放弃高中，报读广东中山市技师学院，最终被该校门槛最高的楼宇自动控制设备安装与维护专业录取。该专业主要培养从事现代楼宇设施设备施工和管理维护的技能人才，涉及的技能包括楼宇照明、安防监控、消防设施、电梯、网络通信等系统的安装、调试和维护，其中就包含了信息网络布线。“简单地说，网络布线就是根据客户的安装使用需求，合理布局和调试网络系统的软硬件，让客户在家中顺利用上网络。”梁嘉伟说。

2014年7月，梁嘉伟毕业，5年的学习生活中，他多次代表学校和中山市出战，在省市技能大赛上获奖，因而被中山市技师学院聘为楼宇自动控制设备安装与维护专业的任课教师。

2016年，梁嘉伟应聘来到天津市电子信息高级技术学校，这所学校是信息网络布线的国家集训基地，在这里，他以教师身份成为第44届世界技能大赛信息网络布线项目选手，并最终成为代表国家出征阿布扎比的选手。

抵达阿布扎比那天，梁嘉伟得知大赛五个模块全部发生了变化。当天晚上，面对各种新试题、新技术，梁嘉伟和团队专家、教练一直研讨到次日凌晨。

第一天的比赛项目是结构化布线系统，需连续工作6.5小时。梁嘉伟沉稳迎战，提前半个多小时完成任务并且通过测试。

第二天的比赛项目是智能家居、办公应用、光纤布线故障排除，其中智能家居减少了梁嘉伟最擅长的布线工作，增加了物联网控制技术，这是一个挑战。梁嘉伟有惊无险地完成了任务。

第三天的比赛项目是光纤布线系统设计，赛前几分钟连续更换了两次试题。梁嘉伟还没来得及理解题目，比赛就开始了。面对陌生的题目，梁嘉伟花了 30 分钟对题目进行充分理解，然后开始操作。在比赛结束前 3 分钟，他终于完成任务，并测试存盘。

最后一天是光纤熔接速度大赛，这个梁嘉伟重点突破的项目让他如鱼得水，为他最后的取胜赢得了决定性的主动权。

梁嘉伟最后以 729 分的成绩获得金牌，紧跟其后的是获得了 727 分的日本选手。超越日本，斩获金牌，让中国这个世界第一网络大国的网络基础技术登上世界技能之巅，梁嘉伟梦想成真。

“我是一名教师，接下来要做的就是把我的技能和经验传给学生，为国家培养更多的高素质技能人才，为我国的信息产业和网络布线领域能全面赶超世界先进水平贡献自己的力量。”这是梁嘉伟获奖后的心声，也是他作为一名技工院校专业教师的职责和使命。

4. 蔡叶昭：蔚蓝的海洋

烘焙是指通过烘烤等加工谷类食品，以粮油、糖、蛋等为基础原料，添加适量辅料，并通过和面、成型、烘烤等工序制作出口味多样、造型丰富、营养均衡的食品，最常见的如面包、饼干和各种小西点等。在欧美，以面包为主的烘焙食物是人们的日常主食；而作为一个产业，烘焙在 21 世纪的中国得到迅速发展。尽管如此，无论是产业规模还是烘焙技术，我国不但总体落后于欧美，甚至还落后于同为亚洲国家的日本、韩国、新加坡。可以想见，烘焙这项为人类社会创造美食的技能，欧美有着难以比拟的绝对优势。

1995 年 8 月 12 日，蔡叶昭出生。父母从安徽芜湖来上海打拼，用多年的积蓄开了一家前店后坊的面包店。吃着面包长大的蔡叶昭，耳濡目染，对面包制作产生了浓厚的兴趣。随着年龄的增长，他开始品尝别人家的面包，后来干脆到了非品牌面包不吃的地步。他多次被父母斥责却不改……渐渐地，他萌生了一个梦想：做一个有名气的面包师，做一个有创造力的面包师。

2012 年 7 月，初中毕业的蔡叶昭选择进入著名的苏州王森国际西点烘焙学院学习。仅仅一年，就修满全部课程。

怀揣梦想，2013 年 7 月毕业的蔡叶昭被杭州一家西点公司聘用，从事裱花和面包制作，一年后即被聘为公司烘焙主管。

2015 年，蔡叶昭被“猎头”挖到一家高端面点公司担任面包师领班。在这里，蔡叶昭专攻法式面包和欧洲花式面包，术业日渐专攻，技艺日渐精进。

2016 年，苏州王森国际西点烘焙学院向蔡叶昭发出盛情邀请，请他回母校执教并以教师身份参加世界技能大赛烘焙项目中国选手的角逐。冲击世界技能大赛是一个巨大的诱惑，怀着满满的自信，蔡叶昭毅然决然地辞去上海的高薪工作。

蔡叶昭

边教学，边训练。2016 年 9 月，蔡叶昭以世赛烘焙项目国家选拔赛第一名的成绩入围烘焙项目国家集训队。

小麦面包、黑麦面包，法式面包、美式面包、丹麦面包，裱花面包、无糖无油面包、起酥面包、艺术面包，等等，都是我们平时在各种面包房、西点店常见的烘焙食品，也是世界技能大赛烘焙项目中各国选手展示技能、争夺金牌的产品。蔡叶昭坦言，在所有的面包种类中，自己最爱的也是最难做的是“法棒”，原料只有面粉、盐和水，很纯粹，也很见功力。这种面包的造型导致很难控制面包内部的气孔和组织层次，打面时的温度也不好控制，水量和水温的计算方式都要精准掌握，一丝一毫的误差都会严重影响它的造型和口感，且必须使用法国原产的系列面粉，必须对这一系列的面粉品质和成型特点有着深入的理解和掌控能力。在杭州、上海两地工作期间，他对这种“法棒”的制作进行了专门研究和无数次的训练。他说，要做好一根品相、口味、质感都正宗的“法棒”，除了用心感悟、细微调整，没有任何诀窍和捷径。

“温度最不容易掌握，打面的时候要掌握，醒面的时候也要掌握，如果把握不好，面包味道就变了。

“醒面的时间也非常重要，一个小时醒发的面团和两个小时醒发的面团，它们的蓬松度、气孔数量、口感完全不一样。

“每一毫克的原料用量、每一抹奶油的装裱位置，都是每一个面包的重要组成部分。一个标准‘法棒’成品为 250 克，允许的误差只有 5 克，算上和面的水、面团醒发的时间和烘焙后成品的干燥度，用多少原料面粉必须精确到毫克。

“最好吃的面包其实是最简单的，但也是最难做出来的。‘法棒’就是这样的面包。”

对于世界技能大赛烘焙项目，蔡叶昭有自己的理解，那就是把市面上的面包做得更精，再加上自己的创意和手法，让普通面包有保持原味的独特口感。但要做到这一点，必须在每个细节上下功夫，还要将每个面包都当成一件艺术品去精心构思和创作。

集训期间，蔡叶昭每天至少用掉25千克各式面粉来进行这样的构思和创作，同时跟随团队，分别到韩国、澳大利亚、日本等国家进行技艺交流。正是在这一次次的交流中，蔡叶昭带着烘焙技术走向了世界，同时也将西方的技术元素融合其中，使得自己的面包制作技艺有了快速的提升。

2017年10月15日，第44届世界技能大赛在阿联酋阿布扎比正式开赛。蔡叶昭代表中国烘焙业第一次正式亮相国际舞台。一开始，这个欧美国家绝对强势的项目，在场的观众和媒体都在关注欧美选手的表现，中国选手的出现几乎无人关注，但仅仅一个模块下来，蔡叶昭的工作台前就聚集了许多关注他的人。经过4天共16个小时的精心创作，蔡叶昭战胜了17个国家的竞争对手，摘取了这块欧美选手志在必得的金牌。在颁奖仪式上，分列蔡叶昭两旁的是获得银牌的法国选手和获得铜牌的瑞士选手。

这次大赛，蔡叶昭创作的艺术面包主题是“蔚蓝的海洋”。

5. 胡萍、温彩云：用时装设计未来

胡萍，1996年2月出生，北京市工贸技师学院服装专业学生。

胡萍

温彩云，1998 年出生，广州市白云工商技师学院服装设计与品牌策划专业学生。

温彩云

2017 年 3 月，一北一南两个城市的女孩在国家集训队相遇，她们都是为了一个共同的目标：向第 44 届世界技能大赛时装技术项目金牌挺进。这之前，第 43 届世界技能大赛中国选手陈碧华已经斩获这个项目的铜牌。

2017 年 6 月，经过严苛的选拔，胡萍成为代表国家参赛的正选选手，温彩云遗憾地止步于“十进五”。

2017 年 10 月，当胡萍登上第 44 届世界技能大赛时装技术项目冠军领奖台时，温彩云在学校的帮助下，来到广东一家服装企业的晚礼服工艺设计部顶岗实习，为冲击第 45 届世界技能大赛正选选手进行技术储备。

世界技能大赛两年一个周期，每个选手都要经历大大小小各种比赛，经历时间的沉淀和技艺的积累。胡萍如此，温彩云也是如此。

2018 年 3 月，第 45 届世界技能大赛选拔赛开始了。“蝶变”后的温彩云，经历了广州市选拔赛、广东省选拔赛、全国选拔赛的层层竞争，再次回到国家集训队。

从早上 8 点到晚上 10 点甚至更晚，除去吃饭时间，每天都在做着外人看来很枯燥的事情——画图、打版、排版、裁剪、制作……

温彩云在国家集训队为第 45 届世界技能大赛全力以赴。而此时早已拒绝企业高薪聘请的胡萍，正在三尺讲台上传授时装技术的创意匠心。

2019 年 3 月，国家集训队最后一次考核选拔，温彩云拿到了进军喀山的入场券。2019 年 5 月“一带一路”国际技能大赛时装技术项目比赛中，来自 11 个国家和地区的 15 名选手进行了激烈比拼，温彩云拔得头筹。她用实力验证了这张“入场券”的真正价值。

冲刺喀山，鏖战世赛，我准备好了！

历经 4 年的磨砺，温彩云最终站上了 2019 年 8 月 27 日喀山之夜的冠军领奖台，成功捍卫了第 44 届世界技能大赛胡萍获得的金牌荣耀。

“学习服装专业，对我来说是一种缘分。”胡萍说，像很多小女孩一样，自己小时候也会给芭比娃娃制作新衣。从小到大，她都对手工制作充满兴趣。

初中毕业后，从小随父母北漂的胡萍选择到北京市工贸技师学院学习服装设计与制作。

“这个专业是我从小到大一直都很向往的。”胡萍说。考大学也好，上技校也好，虽然是两条大不相同的道路，但她对前途充满信心，对未来充满希望。

胡萍

这一点，温彩云几乎“克隆”了胡萍，从廉江市的农家到广州市白云工商技师学院，两位女孩有着几乎相同的梦想。

“设计和制作服装的过程就是一个艺术创造的过程。

设计稿上的每一笔线条、每一种颜料，打版时的每一个公式、每一个数据，缝制时缉缝的每一条线迹，都是一种非常美妙的创作。”这是两位女孩对服装设计与制作的切身体验。

北京市工贸技师学院服装专业已有 40 多年的办学经验，培养了许多业界知名的设计师、工艺师。作为世界技能大赛时装技术项目国家集训基地，学校聘请了中央美术学院时装系教授李宁、资深服装设计师杨郁、工艺师李玉君等业界知名专家，对集训选手进行精心的辅导。而广州市白云工商技师学院服装设计专业，也因温彩云入围国训队而与业界顶级专家结缘。

时装技术，既要靠苦练形成基本功，更要靠灵感形成新创意。为了达到基本功和新创意相互融合、相得益彰的效果，专家和教练带着选手们来到位于巴黎、伦敦、米兰、慕尼黑等地的欧洲主要时装企业参观调研，了解最前沿的时尚信息，感受时尚之都的时尚氛围。

就胡萍而言，北京一家著名服装企业给了她宝贵的实践岗位和创意实践机会。在这里，她体验创新设计，感受匠心品质，实践了企业的完整研发流程，从产品设计、甄别面料、调整版型、设计工艺到技术动作，深刻理解并融入公司文化，同时也增强了创新意识、应变能力……

温彩云

温彩云在企业期间，最大的感受是能将自己学到的知识运用于岗位实践，这是一件特别有成就感的事情。尤其是看到自己的作品真正落地的那一刻，心里特别兴奋。

时装技术贵在一个“时”字，这个“时”就是时尚潮流，就是创新创意。走进北京市工贸技师学院世赛时装技术项目基地，会看到很多胡萍、温彩云的训练作品。如果你问胡萍哪件作品她最为满意，她一定会指着其中的一款连衣裙给你介绍：这款连衣裙的亮点就是在腰部与裙摆的连接处设计制作了一种褶皱形状的“檐”，酷似做工精细的饺子皮。这是一种点缀，是一种当下非常时尚的元素，将它放在这里是她的创意，而缝制的难度也在这里。如果你问温彩云对时装的理解，她会告诉你：一款新的时装并不是将原来的款式全部推倒，而是用各种元素加以改进，比如领子，有翻领、立领、青果领，这些都是基本的元素，是无法改变的，但你可以通过尺寸的变更、色彩的搭配、饰品的点缀使它成为时尚，甚至成为流行的新款……

世界技能大赛时装技术项目全面考核选手在设计、制版、裁剪、服装制作、装饰设计等方面的综合职业能力。

2017 年出征世赛前，时任人力资源社会保障部部长的尹蔚民来到集训基地视察，在胡萍的训练作品前，尹部长带着满意的微笑问胡萍：“还有一个月的时间，准备得怎么样了？”胡萍底气十足地回答：“正在全力冲刺，我们对自己的技术很有信心，争取拿到金牌！”尹部长伸出大拇指，说：“那我得给你点赞啊！”专家组组长李宁说：“我们模拟了赛场上可能出现的各种情况，让选手尽早去接触，增加难度，给他们多挖几个坑。”尹部长笑着说：“凡事预则立，不预则废，多挖几个坑是对的，尽可能穷尽各种情况。一年多的训练不能功亏一篑，要锦上添花，把这最后一锤子买卖砸响！”

胡萍没有辜负部长的嘱托，温彩云同样没有辜负国家的希望。

中国是全球服装第一生产大国，但品牌服装、高端服装的巨大市场份额却一直被欧美品牌占据。作为一名未来的时装技术大国工匠，胡萍必须拿下这块金牌，而温彩云必须续写辉煌。作为一个象征，作为一个方向，作为中国服装业转型升级的一个目标，其意义无疑是巨大的。而在高手对决中，决定性因素除了扎实的基本功外，更多的是对时装内涵的理解和设计制作中的创新创意。

事实也的确如此，在由第三方随机抽签决定5个款式元素，要求选手依据这些元素设计一款连衣裙，制版并进行服装裁剪制作这一模块中，胡萍和温彩云将她们的创新创意能力发挥到了极致，一下拉开了与其他国家选手的分差。而在最后一个模块——服装装饰设计比赛过程中，胡萍和温彩云再一次用神秘盒子中那些事先并不知道、打开盒子后倍感意外的材料，做出了匠心独具、效果极佳的饰品。

2017年10月19日晚，身披五星红旗的胡萍傲然登上领奖台，领取了这块时装技术项目金牌。

2019年8月27日晚，走下领奖台的温彩云拥抱了她的专家、教练、翻译、老师和所有在背后默默付出的人。面对记者的镜头，她说："拿到沉甸甸的金牌，听着国歌奏响，看着五星红旗升起，我热泪盈眶。三年前，加入时装技术项目中国备战团队时，我就一直心怀冠军梦，现在终于梦想成真了！但这块金牌属于我们整个团队，属于生我、养我、培育我的祖国。"

匠人，需要以"技"养"身"，更需要以"心"养"技"。匠心就是一种态度、一种心境、一种能力，更是一种创新进取、艺无止境的职业境界。胡萍已经在做的，温彩云接下来要做的，正是弘扬工匠精神、设计美好未来。

第三篇　新梦想

200 多年前，一位伟人，在征战欧洲大陆的炮火硝烟中，遥望东方，默默地说出了这样一段话：“中国是一只正在沉睡的雄狮，一旦醒来，整个世界将为之震颤。谢谢上帝，让它睡下去吧！”说这段话的就是当时让整个欧洲为之震颤的法兰西第一帝国皇帝——拿破仑。

1949 年，一位伟人，在经历了救亡图存的炮火硝烟后，遥望世界，发出了自己的声音：“中国人民已经战胜了自己的敌人，改变了中国的面貌，建立了中华人民共和国。我们四万万七千五百万中国人现在站立起来了，我们民族的前途是无限光明的。”说这段话的就是中华人民共和国第一位主席——毛泽东。

1971 年，中华人民共和国恢复了在联合国的合法席位；2001 年，中华人民共和国正式加入世界贸易组织，成为世界最具影响力的经济体之一；2012 年，习近平总书记提出了实现中华民族伟大复兴的中国梦。在中国梦的蓝图上，我们要全面建成小康社会，我们要实现社会主义现代化，我们要建成富强民主文明和谐美丽的社会主义现代化强国。

中国梦寄托着民族的未来、人民的福祉。中国梦把国家、民族和个人作为一个命运的共同体，把国家利益、民族利益和每个人的具体利益紧紧地联系在一起。

技能强国，技能报国。技能青年，是国家建设的中坚力量；技能青年，是筑梦征程的开路先锋。技能青年将自己的梦想根植于中国梦坚实的土地，用激情和汗水打造辉煌人生，用勇力和智慧获取青春永恒，用今天的奖牌和明天的硕果向世界展示这片热土的精彩纷呈。

一、大国尚技

2017 年 10 月 21 日，第 44 届世界技能大赛闭幕不到 3 天，欧洲某国的主流媒体发表专题文章称：该国人民的精确性和承压能力在阿布扎比举行的世界技能大赛上获得再三嘉奖，该国代表团在 36 个职业领域共获得了 10 余枚金牌、数枚银牌和铜牌，以及 10 余个优胜奖。这一成绩令该国再次成为遥遥领先的欧洲劲旅。然而从全球来看，中国虽然在 2011 年、2013 年两届大赛上都没拿到金牌，但在 2015 年大赛上一举摘得 5 枚金牌；眼下，中国已经一跃成为金牌总数、奖牌总数和团体总分三项第一的国家。

报道称，对中国而言，世界技能大赛是衡量国际竞争力和创新能力的一个准绳，而且中国将技能人才视为体现经济成就的标志。世界技能组织的一位专家赞赏地说："中国选手是被认真挑选并做了最充分准备的。未来的标准将由中国人确定。"

报道称，与奥运会和世界杯一样，对于世界技能大赛的举办地点也存在着激烈的竞争。2017 年是在阿联酋阿布扎比，2019 年是在俄罗斯喀山，而 2021 年将在中国上海举办。

2019 年 8 月 27 日晚，俄罗斯喀山，普京总统出席第 45 届世界技能大赛闭幕式并宣布闭幕——中国代表团再次以金牌总数第一、奖牌总数第一、总分排名第一的辉煌战绩，将对手远远抛下。

2019 年 9 月 22 日，就 2021 年 9 月将在中国上海举办的第 46 届世界技能大赛，习近平总书记作出重要指示。

习近平总书记指出，要做好各项筹备和组织工作，加强同各国在技能领域的交流互鉴，展示我国职业技能培训成就和水平，努力办成一届富有新意、影响广泛的世界技能大赛。

1. 上海欢迎您

2016 年 10 月 7 日，人力资源社会保障部代表中国政府在世界技能组织 2016 年成员大会上，宣布申办 2021 年第 46 届世界技能大赛意向，并推出上海作为承办城市。

2017 年 3 月 29 日，上海市人民政府发布申办口号——“新青年、新技能、新梦想”。

“青年”“技能”“梦想”三个关键词，精练地表达了世界技能组织所聚焦的青年人群和所倡导的“技能改变人生、实现梦想”的核心理念，凝聚了国家“弘扬工匠精神，厚植工匠文化”和“中国梦 · 我的梦”的丰富内涵。

2017 年 4 月 3 日，世界技能组织主席西蒙 · 巴特利率领专家团来到中国，就上海申办第 46 届世界技能大赛进行全面考察评估。随即对上海的基础设施、技能人才培养基地、比赛场馆、开闭幕式场馆等进行了实地考察并听取了上海市人民政府的申办陈述。

2017 年 4 月 7 日，国务院总理李克强在北京会见世界技能组织主席西蒙 · 巴特利一行，积极评价世界技能组织和世界技能大赛为推动全球职业技能培训、促进各国经济社会可持续发展发挥的重要作用，表明了中国政府支持上海申办世界技能大赛，愿意同世界技能组织加强合作，推动技能运动理念传播，提升中国数以亿计劳动者技能水平的态度。

2017 年 6 月，中国上海和瑞士巴塞尔正式成为 2021 年第 46 届世界技能大赛申办候选城市。这之前，瑞士已经成功举办了三届世界技能大赛。在亚洲，日本、韩国等也举办过多届世界技能大赛，而这期间，恰恰是其经济高速发展时期。

中国需要世赛，世赛也需要中国。其意义主要有：

一是有利于提高技能人才培养水平。世界技能大赛的竞赛理念、技术标准、比赛规则、工作流程代表了当今世界职业技能领域的最高水平。世界技能大赛的技术标准来源于企业，并随着产业发展、技术进步不断调整完善，转化为职业教育培训和技能人才培养标准，进而为企业生产和服务培养合格的技能人才。所以，世界技能大赛与企业生产实践、人才培养紧密相连。参与世界技能大赛，可以加强我国与世界各国在技能人才培养领域的交流合作，推动我国技能人才培养工作与国际接轨，提高技能人才培养水平。

二是有利于弘扬工匠精神。习近平总书记于 2016 年 4 月在知识分子、劳动模范、青年代表座谈会上的讲话中指出："在工厂车间，就要弘扬'工匠精神'，精心打磨每一个零部件，生产优质的产品。"近年来，政府工作报告中屡次提到"工匠精神"，每次都引起社会热议。工匠精神对于推动我国经济转型升级，提升中国质量，打造"中国品牌"，营造良好社会氛围，都有重要的作用。中国举办世界技能大赛，保守估计届时将有数十万人到赛场实地观摩，我国参赛选手摘金夺银、技能成才的故事也将在世界范围内广泛传播，这对提升技能人才的职业荣誉感，引导全社会弘扬工匠精神，厚植工匠文化，营造尊重劳动、崇尚技能的社会氛围，将起到重要作用。

三是有利于推进我国科学技术的发展。科技进步，人才是根本，技能人才更是重要的基础。举办世界技能大赛，能够引导广大高技能人才瞄准国际先进水平，潜心钻研技术，促进我国技能人才素质和能力不断提升，形成支撑中国制造、中国创造的高素质技能人才队伍，为大力发展先进制造业、推动中国制造水平迈上中高端提供坚强保障。

四是有利于展示我国国家形象，促进职业技能推广。世界技能大赛对在世界人口最多的国家推广职业技能、扩大世界技能组织和技能运动的影响力，都将产生不可估量的作用。此举对中国和世界技能组织将构成合作共赢的格局。特别是 2021 年是中国共产党建党 100 周年，也是我国实现全面建成小康社会奋斗目标后的第一年，届时举办的世界技能大赛，将成为我国向世界展示改革发展成就的重要窗口，全面展示我国技能人才队伍建设成果，展示中国制造和中国服务的水平，进一步提升我国国际形象。

2021 年第 46 届世界技能大赛吉祥物确定为一组卡通图案，整体造型是上海地标建筑——东方明珠，男孩叫“能能”，女孩叫“巧巧”，寓意“能工巧匠”。

第 46 届世界技能大赛主题口号是“一技之长，能动天下（Master skills　Change the world）”。主题口号寓意着技能是推动人类文明发展的原动力，是全球共同的财富；掌握技能，改变世界，引领未来，造福人类。

2017 年 6 月 6 日，第 46 届世界技能大赛申办形象大使亮相上海，用他们的风采诠释“新青年、新技能、新梦想”的申办口号。他们是：

张志坤，男，技工学校毕业生，广东省机械技师学院教师，第 43 届世界技能大赛数控铣项目金牌得主。他期望：把自己身上的世赛“火种”

传递下去，让更多的人通过自己了解世界技能大赛，对技能产生兴趣。

王军，男，技工学校毕业生，上海宝钢股份有限公司热轧厂高级技师，中华技能大奖获得者。他表示：要像科学家一样做工人。

张淑萍，女，高职毕业生，上海出版印刷高等专科学校实训中心教师，第43届世界技能大赛印刷媒体技术项目银牌获得者。她认为：硬技能的培养无可替代。

陈璇，女，大学毕业生，上海电视台外语频道主持人。她期待：借助技能大赛，展现中国匠心。

傅逸承，男，上海理工大学中英学院学生，上海电视台青少年科技创新节目《少年爱迪生第二季》人气冠军。他说：将科技与技能结合来实现对世界的探索。

2017年10月13日，阿联酋阿布扎比国家会展中心，世界技能组织全体成员大会在听取人力资源社会保障部部长、上海市市长、申办形象大使张淑萍等先后对申办2021年世界技能大赛的现场陈述后，世界技能组织主席西蒙·巴特利宣布：“中国上海正式获得第46届世界技能大赛举办权。”

申办形象大使张淑萍在陈述中说，她来自中国农村，进入上海出版印刷高等专科学校就读，面对冷冰冰的印刷机，曾经失落过、迷茫过。然而一次偶然的机会，她看到了师兄王东东在第42届世界技能大赛印刷媒体技术项目上获得铜牌的作品后，便迷上了印刷媒体技术。“通过不断

的努力，我终于在 2015 年成为第 43 届世界技能大赛印刷媒体技术项目的中国选手，并获得该项目的银牌！现在，我已留校任教，我将在讲台上传播世界技能大赛的理念。”张淑萍激动地说。

张淑萍充满自信的语言，以及通过技能实现人生梦想的故事，赢得了现场与会代表的热烈掌声，因为尊重劳动、崇尚技能的精神，恰恰是世界技能大赛最为关注的。

申办主题宣传片《上海的邀请》点亮大屏幕。在安徽、陕西、吉林等中国的一些省份，在展现中国传统技艺的场景中，贴出一张张神奇的技能大赛海报。中国自古就崇尚技艺，现在，上海向五湖四海发出技能大赛的邀请。上海中心、东方明珠、国家会展中心……一个个场景依次显现，既展示了上海的城市魅力和实力，又体现出上海对技能的渴望，展现了技能人才在上海所拥有的巨大舞台。宣传片的音乐节奏感不断增强，现场的与会代表随着音乐一起鼓掌。

伴随着持续不断的热烈掌声，时任世界技能组织主席的西蒙·巴特利走上舞台宣布：“这是一个精彩、炫酷的陈述！基于中国符合所有举办世界技能大赛的要求，请与我们一起祝贺中国！”

“上海的现场陈述真是太棒了，世界技能大赛能够在中国举办，我为你们自豪！”瑞典代表托米·赫斯顿表示，“世界技能大赛的举办是一个触发点，对于一个国家的年轻人和整个社会意义重大！我曾亲眼见证技能大赛对瑞典的改变，对技能的崇尚也会改变中国。”

“上海很棒！我为全世界的技能人才感到高兴，他们2021年可以去上海，亲眼看一看上海的经济奇迹，感受一下中国传统文化。”拉脱维亚代表印塔·安说。来自德国的代表劳伦·斯特本也表示：“我们非常期待2021年到上海参加技能大赛。”

世赛申办成功意味着2021年第46届世界技能大赛将在中国近代工业的发源地之一——上海揭开序幕。上海将为世界奉献一届富有新意、影响深远的世界技能大赛。届时，世界各国和中国的技能人才将汇聚上海，共同切磋技艺，学习技能、崇尚技能、提升技能的氛围将更加浓厚。

2019年8月27日夜，俄罗斯喀山，第45届世界技能大赛闭幕式，360度环形舞台上，鼓点激情澎湃，舞姿婀娜灵动，那是以“魅力中国、活力上海”为主题的文艺表演：清晨、地铁，早点铺的点心师，门前的花圃，问候的暖语，有条不紊的工位；国家会展中心里旗袍、苏扇、轻盈的舞步，工装、节奏、年轻的力量——2021，技动天下：我们准备好了！

2021年，中国上海，第46届世界技能大赛倒计时开始。

2. 技能中国行

2019年5月8日，为期5个月的又一次“技能中国行”主题活动在大庆油田正式启动。

铁人精神宣讲、工匠精神宣讲，国家技能人才队伍建设综合展示、一线技能人才技术创新成果展示，首席技师绝技绝活现场真功夫、工艺难题现场诊断攻关研讨会，技能大师大讲堂、青年技能骨干人才培训班，技能专家服务团进企业、进社区……

“技能中国行”是2013年开展的技能展示交流活动。近年来，一系列的活动举措已经影响并体现在国家政策上。

2017年2月6日，习近平总书记主持召开中央全面深化改革领导小组第三十二次会议，审议通过《新时期产业工人队伍建设改革方案》，同年6月正式印发。方案从加强和改进产业工人队伍思想政治建设、构建产业工人技能形成体系、运用互联网促进产业工人队伍建设、创新产业工人发展制度、强化产业工人队伍建设支撑保障等方面，推出25条改革举措，作为实施科教兴国战略、人才强国战略、创新驱动发展战略的重要支撑和基础保障，纳入国家和地方经济社会发展规划，由此造就一支有理想守信念、懂技术会创新、敢担当讲奉献的宏大的产业工人队伍。

2018年3月，中共中央办公厅、国务院办公厅印发《关于提高技术工人待遇的意见》，首次从国家层面设置了完备的技能导向激励机制。

2019年9月，人力资源社会保障部发布《关于改革完善技能人才评价制度的意见》，提出“建立科学的技能人才评价制度，对于加强职业技能培训，提高劳动者素质，促进劳动者就业创业，激励引导技能人才成长成才具有重要作用”。

2017年，“技能中国行”主题活动在全国开展。居住在重庆市渝中区康祥花园90岁的周婆婆外出散步时，发现小区门口有一群打着“技能进社区”横幅的年轻人正在免费为市民理发，她高兴地迎了上去。理完发以后，她照了照镜子，赞不绝口：“很不错，满意！很满意！”

她没有想到，为她服务的小伙子彭睿尽管才18岁，却已经是业界名声响亮的人物。2014年，彭睿进入重庆五一高级技工学校学习美发。在校期间，彭睿获得了第40届亚洲发型化妆大赛女式剪吹组第五名、2016年中国技能大赛——第44届世界技能大赛全国选拔赛美发项目第四名、重庆市技能大赛美发项目学生组一等奖等诸多奖项。此外，他还入围了第 44 届世界技能大赛国家集训队名单，并进入国家级技能大师工作室“何先泽技能大师工作室”工作。

和彭睿一样，活跃在城乡的技能青年们都感觉自己走上了一个更为广阔的舞台，在展示技能的同时，也丰富了自己的“技能包”。更重要的是，他们的付出让市民认识到了技能的力量，感受到了匠心的魅力。

“技能中国行”主题活动是让已经有所作为的技能青年向社会交出自己的成绩单，更是向有志青年写下的一份技能改变命运、匠心创造美好的邀请函。

这是一份由时代和国家发出的诚挚的邀请函。而中国申办世界技能大赛的形象大使，其自身的职业成长和对人生价值的追求，就是要让技能成才的梦想在无数青年心中生根发芽。

王军说：“以前学习技能解决的是生存问题，现在提升技能要解决发展的问题。”从一名技工学校毕业生成长为拥有 100 多项国家专利的工人发明家、国家科技进步二等奖获得者，他用了 30 多年。

1987 年 7 月，王军从宝钢技工学校钳工专业毕业，成为上海宝钢股份有限公司热轧厂精整分厂生产综合作业区的一名剪刃组装工。在那个年代，能够进入宝钢当工人，不仅是捧上了“铁饭碗”，更是捧上了“金饭碗”。在许多人看来，安分守己干一辈子，让自己的生活过得更好，就是最好的归宿。但王军不这么认为。在他看来，光有在学校学的知识远远不够，只有不断学习、提高技能，才能把工作做好。20 世纪 90 年代中期，许多人忙于下海挣钱，而王军一门心思想着多学点东西。

在同事的眼里，王军精力充沛，工作勤奋。“一拍脑袋就是一个先进操作法，专利一个接一个。”在王军看来，是宝钢成就了自己。他说，刚进入宝钢，自己就被宝钢浓厚的创新氛围所感染。宝钢从上至下都重视创新，建立了科技创新机制，小到合理化建议，大到技术专利，都有相应的奖励制度。宝钢每年还会举办相当规模的群众性创新活动。正是良好的创新环境，激发了王军的创新欲望。

“新时代工人靠的不光是体力，还需要智力。”王军说。层流冷却技术研发是他耗费近 10 年心血的一项技术发明。早在 20 世纪八九十年代，德国和日本就分别开展过这项技术的研究，到 21 世纪初，逐渐有成果面世，但是要把这项技术引入国内，需要花费 2 亿多元。经过一段时间的摸索，王军认为自己有把握攻克这一难关，便提出立项申请。当时很多人并不看好，因为一旦失误，将影响正常生产。“我们宝钢人一定要试试!”王军不甘心，几经尝试，第四代层流冷却技术日趋成熟，而他的 5 项先进操作法、24 项技术秘密、130 项技术革新，为宝钢带来的直接经济效益已经超过 8 亿元。

王军

“创新没有最好，只有更好。在这个过程中总会面临风险，但是要进步，就必须有一种敢为人先的勇气。我的每一次创新，都是带着必胜的信念进行尝试，做好惨败的准备。”“技能是需要不断发展的，而推动它的，可能就是今天参加世界技能大赛的参赛者。”王军说这番话的时候，眼神里透着自信和坚定。作为世赛形象代言人，他讲述的不仅是一个高速发展时代的工人传奇，更是“技能成就梦想，技能创造中国”的坚定信念。

傅逸承从小受身为企业工程师父亲的影响，非常喜欢动脑动手。

在上海，经常可以看到摩天大楼外清洗玻璃幕墙的“蜘蛛人”。“这工作太危险了，为什么不能有一种自动清洁装置，只要下雨就可以直接把灰尘带走呢？”这个想法让当时正在读高中的傅逸承着了迷。

他从“果壳网”上一篇关于烟灰结构的科普文章中得到了灵感。烟灰通过火的不完全燃烧，产生类似于用火去烧不锈钢膜后留下的灰痕；他联想到了荷叶，荷叶为什么能在雨后自动清洁上面的灰尘呢？烟灰中有没有类似荷叶的这种结构？如果能通过这种仿生学荷叶原理，发明一种能够像荷叶一样自动清洁的玻璃就好了。

有了灵感和思路，傅逸承立即开始了研究。他先花了近一年的时间啃下相关研究的学术论文，了解这项研究的学术前沿动态。接下来就是探索“烟灰”和“荷叶”的结构。

在大部分学生看来可以放松休闲的暑假，对于傅逸承而言是可以拥有整块时间进行试验的好机会。“我在实验室里埋头干了两个多月，早出晚归，每天不停地反复试验。”回想实验室的情形，傅逸承很有满足感。两个月中他用掉了大量材料，小玻璃用了几百片，蜡烛更是不计其数。在取得初步成果后，他将在实验室得到的成品悬挂在室外，经历刮风、下雨、阳光照射等自然界真实的环境考验，再进行评估、完善。

2014 年，傅逸承以该成果先后获得第 29 届上海市青少年科技创新大赛一等奖、上海市青少年“明日科技之星”评选活动——科技希望之星等荣誉。2015 年，他获得国家知识产权局授予的发明专利“以烟灰为模板廉价构建透明超疏水自清洁纳米涂层的方法”。这项发明的核心就是利用荷叶效应原理，设计出具有“山丘”形疏水结构表面的玻璃，在水滴落下时可以滚动并带走灰尘，实现玻璃的自清洁。

作为世界技能大赛形象大使，傅逸承对“工匠精神”有着自己的理解。他认为：当代技能有着极高的科技含量，机器不仅仅是一种设备，技能也不仅仅是操作，必须钻研，才能领悟其中的奥妙，获得工艺技术的创新和创造。

“投身技能，并不意味着所需知识的减少。世界技能大赛涉及项目广泛，我最感兴趣的是数控机床项目。我会借助这个机会将科技与技能结合，这样我才能更好地探索世界、追逐梦想。我希望技能青年不仅在世界技能大赛的舞台上为国家争金夺银，更要以自己的双手和智慧为中国的崛起做出更多的贡献。我相信，与当代科技高度融合的技能雨露一定会滋润我们这一代每个青年的心田，中国技能一定能让中国制造跻身世界制造强国之列。”

技能中国行，中国一定行！

3. 世界青年技能日

2014 年 12 月，第 69 届联合国大会通过了一项决议，宣布每年 7 月 15 日为世界青年技能日。

2015 年 7 月 15 日，联合国秘书长潘基文为首个世界青年技能日致辞，呼吁从政治和财政方面对青年人的技能进行投资，帮助他们提升，建立一个更加公正和可持续的未来。

2016 年 7 月 15 日，我国政府首次举办世界青年技能日活动，主题为“技能成就梦想”。为此，李克强总理在批示中特别强调：“举办世界青年技能日活动，就是要营造尊重劳动、崇尚技能的社会氛围，引导广大青年大力弘扬工匠精神，走上技能成长成才之路。培养造就数量充足、结构合理、素质优良、技艺精湛的青年技能人才队伍，促进就业结构优化，推动中国制造实现转型升级、中国经济发展跃上中高端水平。”

2017 年 7 月 15 日，我国政府第二次举办世界青年技能日活动。世界技能组织主席西蒙·巴特利特地以视频方式致辞。他认为，自从中国加入世界技能组织以来，中国青年的卓越技能令全世界刮目相看，也被世界各国人民所了解。多年来，中国越发希望成为产品和服务的优良制造者和生产者。中国在世界技能大赛中的崛起与产品质量的提高相匹配，二者齐头并进。

联合国设立世界青年技能日，体现了国际社会对提升青年技能水平、促进青年人就业创业的重视。人力资源社会保障部副部长汤涛表示：“中

杨金龙

国比历史上任何时期，都更需要一支拥有现代科技知识和创新能力的高素质技工队伍；比历史上任何时期，都更加重视为技能人才提供成长成才、实现价值的发展空间。”中国数以千万计的技能青年已经显著地看到和感受到来自时代的召唤和国家的需要。

云南昆明，国际会展中心，2017 年世界青年技能日主题活动启动仪式上，第 43 届世界技能大赛汽车喷漆项目金牌获得者、杭州技师学院教师杨金龙，向全国技能青年发出了“技能成才，技能报国”的倡议。

全国青年朋友们：

青年兴则国家兴，青年强则国家强。青年技能人才是我国技能人才队伍的重要组成部分，是高技能人才的后备军，肩负着技能强国的重要历史使命。当前，我国正处在全面建成小康社会的决胜阶段，迫切需要培养一大批适应技术进步、生产方式变革和社会公共服务需要的技术型、创新型、复合型技能人才。习近平总书记指出：“工业强国都是技师技工的大国，我们要有很强的技术工人队伍。”“要重视发挥技术工人队伍作用，让他们参与工艺改进和产品设计，使他们的创新才智充分涌流。”“在工厂车间，就要弘扬‘工匠精神’，精心打磨每一个零部件，生产优质的产品。”这些重要讲话既对我们青年技能人才提出了殷切希望，又为我们指明了努力前进的方向。今天，全国各地都在开展 2017 年世界青年技能日宣传活动。作为青年技能人才代表，我备受鼓舞、倍感光荣，谨向全国青年技能人才发出如下倡议：

一、坚定技能报国的理想信念

坚定理想信念是成长进步的动力源泉。我们要牢记总书记的嘱托，牢固树立技能报国理想信念，勇担时代赋予的重任，志存高远，脚踏实地，进一步增强责任感、使命感和紧迫感，把爱国之情、强国之志转化为技能报国的实际行动。

二、练就技能成才的过硬本领

学习实践是成长进步的主要途径。我们要以更加奋发有为的精神状态，刻苦学习专业知识，努力钻研技术技能，不断增强创新能力，全面提高职业素质和技能水平，争做懂技术会创新的新一代青年技能人才。

三、树立扎根一线的奋斗精神

一线是成长进步的重要舞台，技能人才成就事业的平台在一线，施展才华的舞台也在一线。我们要秉持“岗位可以平凡，人生不能平淡”的理念，刻苦钻研，勤学苦练，练就过硬本领，敢担当、讲奉献，在一线工作中创造自己的精彩人生。

四、弘扬精益求精的工匠精神

我们要大力弘扬敬业守信、精益求精的工匠精神，发挥自身积极性、主动性和创造性，不断追求卓越、追求完美、追求极致，带动中国青年技能人才队伍不断从优秀走向卓越，努力创造新成绩，不断提高中国制造的质量品质。

青年朋友们，青春只有一次。现在，青春是用来奋斗的；将来，青春是用来回忆的。让我们携起手来，脚踏实地，刻苦学习，勤奋工作，认同技能成才，投身技能报国，为全面建成小康社会、实现“两个一百年”奋斗目标和中华民族伟大复兴中国梦而努力奋斗！

山东济南，就在杨金龙发出倡议的同时，在山东省科技馆门前长达百米用红地毯铺就的专门通道上，100 多名来自产业一线的技能大师身着正装，在市民的注目和记者的镜头下走向主席台。作为“7・15”这个特殊日子的主角，这些技能大师深切体会到这“明星”般仪式所昭示的特殊内涵。这个内涵随着山东省技能形象大使——山东省城市服务技师学院学生曲笛、山东省工业技师学院学生袁强共同点亮的“技能灯”所闪射的璀璨光彩，向社会扩散，让整个齐鲁山川、神州大地都熠熠生辉。

3个月后，阿联酋阿布扎比，第44届世界技能大赛，袁强一举斩获工业控制项目金牌；曲笛拼得烹饪（西餐）项目优胜奖，而已身为教练的杨金龙参与指导的选手蒋应成，则以汽车喷漆项目金牌续写了“技能成才，技能报国”的金牌梦想。中国技能军团的辉煌战绩令世界震惊！

二、技能报国

有一首深情的歌，叫《中国有我》，由海峡两岸暨香港几十名演艺、体育明星共同演唱；有一档中央电视台特别节目，叫《中国有我》，由全国亿万劳动者共同参与制作。没有豪言壮语、华丽辞藻，只有付出、担当与骄傲。为祖国、为自己，为现在、为未来——中国有我。正如朱海、心雨、黄斌所作歌词：

我是一滴水，也能卷起千波浪；
我是一颗星，也能照亮浩瀚夜空；
只要一小扇窗，世界就会看见我的梦；
请给我一秒钟，我就有超越无限的可能。
Believe China beyond the dream!（相信中国，超越梦想！）
中国有我，更多精彩的时刻；
Believe China beyond the dream!
中国有我，续写更多的传说！

1. 徐澳门：从陪练到卫冕

2019年8月27日夜，俄罗斯喀山，第45届世界技能大赛颁奖仪式正在进行中，随着一次又一次“China”从扬声器中传出，徐澳门胸中的热浪也一波又一波地升腾。

这一届世赛中国代表团参加了全部56个项目的比赛，16枚金牌、14枚银牌、5枚铜牌和17个优胜奖，“China”至少响起了35次。哪一次属于自己？是金牌、银牌还是铜牌？尽管比赛结束自我评分的结果没有悬念，但不到最后的正式宣布，就是悬念。

徐澳门

颁奖进行到一半，喀山的天空突然下起了雨，越下越大。后排的观众扣上了帽子，裹紧了外套；前排的人有的披上了雨衣，有的撑起了伞……

又是半个多小时过去，徐澳门已全身湿透，却还觉得整个身体微微发热。

现在宣布车身修理项目："…the gold medal goes to Aomen Xu, China."（金牌属于中国的徐澳门。）

几乎是同时，徐澳门身披五星红旗，跃上冠军领奖台，疾风骤雨中，在这个聚焦已4年的舞台上，忘情地欢呼着、雀跃着、怒吼着……

过于激动和忘情，徐澳门忘了自己当时在喊什么，只记得"大雨下得眼前迷茫茫一片，很疯狂"。

这的确是个"疯狂"的夜晚，对这个不满20岁的年轻人来说，在这个属于技能人才的高光时刻——掌声、灯光、镜头，将积聚4年的能量瞬间释放。至少35次的"China"，一次又一次地将中国技能健儿推向世界。

2015年9月，16岁的徐澳门走进上海市杨浦职业技术学校，就读于汽车维修专业。那年的8月16日，师兄罗良在第43届世界技能大赛上夺得汽车车身修理项目银牌。开学时，学校的墙上、信息栏上已铺满了罗良的海报、事迹介绍，当时的徐澳门心里除了羡慕还是羡慕，只是没想到有一天自己也能参加世赛。然而，刚上完第一节实训课，就因“手工活做得认真细致”被老师一眼看中，徐澳门就这样“一不小心”进了学校的世赛“种子库”。

手工活做得认真仔细是因为徐澳门初中时学过陶艺。从一堆陶土到变成毛坯，继而成为一个罐子、一个人物，不细致、不耐心是万万做不到的。

老师的眼光没错。刚刚参加集训，每天的内容只有一个，就是把布满褶皱的一块白铁皮敲到非常平整。这是基本功，有过陶艺入门训练的徐澳门深知其中的奥秘：

如果想把这块铁皮敲得非常平整，首先需要观察这块铁皮延展的位置，哪里需要收，哪里需要放。其次，拿榔头的手需要非常有力，并且一定要稳，敲击的每一下都要非常准确。最后，每一次敲击后，白铁皮都会有变化，这个变化是否符合预期，需要快速判断和后续敲击的合理跟进。

用学术一点的话说，这项基本功涉及板件的收缩与延展，需要对金属板料的物理属性有透彻的理解，而操作时需要手臂有力、手腕灵活，需要有对落锤角度、力度、准度等全方位的准确把控。

千百次的锤炼，徐澳门最终能够将一块满身伤痕的白铁皮打造得光洁如镜。

2016 年 3 月，17 岁的徐澳门参加第 44 届世界技能大赛上海市选拔赛，一举夺冠。这是他第一次参加这样的比赛，也由此一举成名，成为当年全国最年轻的汽车车身维修技师。当师兄杨山巍成为第 44 届世界技能大赛车身修理项目正选选手后，徐澳门作为“陪练”，开始进军世赛征程。

师兄几点起床，他就几点起床；师兄练多久，他就在旁帮他计时、拿耗材、打下手多久；一边打下手，一边观察师兄的操作，闲下来时就自己在一旁默默练习，直到将师兄送上第 44 届世界技能大赛赛场，又亲眼所见师兄登上冠军领奖台的风采。这时候，他在心里对自己说："下一届，你的任务就是卫冕——技能报国，为校争光！"

焊接 90 度拐角的车身接缝是需要攻克的一个难点。拐角处钢板比较薄，形状不规则，走得慢容易穿透钢板，走得快焊接不牢。耀眼的弧光烧出团团烟雾，刺鼻的焦煳味呛得人难以呼吸。一个小时为单位的训练，两个小时为单位的训练，三个小时为单位的训练，随着时间的延长和对技术参悟能力的提升，焊枪在手中起落随心、快慢自如，徐澳门克服了这个难点，实现了完美的焊接效果。

去掉操作中的冗余动作，纠正影响质量的不规范动作，将每个细节都考虑周全，徐澳门为此付出了沉重的代价：身高 1.85 米是劣势，长时间弯腰操作导致腰肌损伤。教练指导他将许多操作改为随作业点的高低而屈膝半蹲、四分之一蹲、微蹲。身高 1.85 米也是优势，在进行面板操作时，可以将手伸进车身往外敲，恢复凹陷部位，不但方便，而且动作少、效率高。

面对突如其来的干扰，分心是在所难免的，但徐澳门挺过来了。突然停电，做手工操作；设备故障，先报修，等待期间自己判断导致故障出现的可能因素；工艺顺序随意打乱，即时将相邻工艺项目组成一个小的模块；教练给出一个错误指令，冷静质疑后与教练交流想法；模拟比赛，学校设置了嘈杂的环境，让陌生的同学轮番参观，甚至贴近工位指手画脚。而这一切，都有几台摄像机跟踪拍摄。

经过复杂的训练，徐澳门发现，有了坚实的基本功，操作的过程越来越顺畅，而所有的设备、工具使用起来也越来越得心应手。

2019 年 8 月 23 日上午 9 时，徐澳门郑重地将五星红旗插在自己的工位上，第 45 届世界技能大赛正式开赛。

第一个模块是测量车身基础数据并校正。这个最“轻松”的工作，徐澳门丝毫不敢马虎。因为任何一个数据出现问题，哪怕只是一点点，都将影响整个比赛结果。徐澳门用心测量每一个点，仔细再仔细，校验再校验，直到用尽所有保障机制，让自己彻底放下心来。

第二个模块是结构件更换。进行到一半，徐澳门果断停下来。更换前纵梁，他撬起车身，仔细观察上面的损伤：有凹陷、有磨损、有裂纹、有肉眼难以观察的角度偏移……

他蹲坐在地上约 15 秒，闭上眼，让自己喘口气，起身继续观察，再蹲下让自己闭上眼睛——方案确定：切割、打磨、钻除、校准、焊接……一系列操作一气呵成，中间绝无半点犹豫和停顿。

第三个模块中的“焊点分离”曾是徐澳门的软肋。等待焊接的钢板就像两张叠放在一起的 A4 纸，你需要用绣花针给第一张扎一个眼，但不能在第二张上留下半点印记。不过这次做起来很顺利。徐澳门赛后说，这是他发挥最好的一次。

第四个模块是门板修复。四处凹陷不平的门板，需要锤打得光滑如初。这是徐澳门的基本功，也是拿手绝活，结果接近满分。

Evo 安装是所有模块中的一个小小的步骤，分值只有 1 分，但需要完全按照赛前发放给选手的评价指标去做。徐澳门拿到了这 1 分，在全部参赛的 21 位选手中，只有他一个人做到了。

走下领奖台，一绺湿透的头发搭在额头，眼镜片上还沾着汗滴，徐澳门就被记者问："比赛中遭遇到什么困难？"

"如果遇到什么困难，我就不是金牌了。"这个回答着实让人有些吃惊。也许还处在激动的情绪中吧，对着镜头，他不断地重复着一句话："非常激动！非常激动！有一种终于释放出来的感觉。"

回到母校，徐澳门走过鲜花和掌声后的第一件事就是来到实训室，将里面彻底打扫了一遍。他说："金牌只是一个新的起点，我将重新起步，将执着追求、克难奋进、精益求精、追求完美的工匠精神带到上汽新的工作岗位，踏实走好技能成才、技能报国的每一步，为中国制造献出自己的一份力量！"

徐澳门已经和他的师兄罗良、杨山巍一样，成为上汽集团高技能人才中闪亮的新星。罗良当年是集团最年轻的钣金技师，杨山巍是最年轻的样板技师、2018 年感动上海年度人物，徐澳门立志成为样板设计师，用杰出的工作业绩感动中国。

第 43 届世界技能大赛车身修理项目的银牌选手罗良和第 44 届金牌选手杨山巍都在第一时间被上汽集团录用为正式员工；第 45 届选手徐澳门在出征俄罗斯喀山前，就已经收到了上汽集团正式的录用通知。截至 2018 年年底，上汽集团已累计投入超过 6.5 亿元用于高技能人才的培养，并通过自行组织的"上汽设计国际挑战赛"等一系列活动发现并培育了一批优秀高技能人才和未来设计师。

2. 陈君辉、李俊鸿：血与汗的洗礼

混凝土是当代最主要的土木工程材料之一。2006 年 5 月，全长约 2309 米的三峡大坝全线建成，这个当今世界上规模最大的水电站，其基

础建筑所用混凝土达到了 2794 万立方米，建成时是全球范围内混凝土使用量最多、强度最高的单体工程。

在我们身边，随处可见的高楼大厦、高架公路、地铁隧道，都离不开混凝土。

1867 年，法国工程师艾纳比克开始尝试将铁丝网和混凝土应用于房屋建筑；1879 年，他开始制造钢筋混凝土楼板，以后发展为整套建筑使用由钢筋箍和纵向杆加固的混凝土结构梁；几年后，他在巴黎建造公寓大楼时采用了经过改善迄今仍普遍使用的钢筋混凝土主柱、横梁和楼板。1895—1900 年，法国用钢筋混凝土建成了第一批桥梁和人行道。此后，钢筋混凝土开始成为改变这个世界建筑景观的重要材料，其浇筑质量直接决定着建筑物的功能和寿命。

世界技能大赛混凝土建筑项目就是基于商业和住宅建设中的混凝土浇筑实际作业而产生的赛项。对选手的技术要求主要有：

- 准备现场测量图及相关原材料，考虑因抗压、浪费等造成的混凝土需求增加，计算模板和原材料需用量等。
- 解读、分析与领会施工方案（包括设计方案、模板方案、钢筋方案和图样详情等），拟写材料和零件清单等。
- 完成技术说明中有关放样测量、模板和钢筋建造、拆除模板和再加工等方面的相关工作任务。

第 45 届世界技能大赛混凝土建筑项目中国参赛选手是来自广州城建技工学校的陈君辉、李俊鸿。

在 4 天共 22 个小时的比赛中，他们需要通力合作，完成一个长 5.85

米、宽 4.88 米、高 3.05 米的钢筋混凝土建筑。这个体量相当于平地建造起一座高架桥桥墩。

建造这样一个“桥墩”，他们要用到近百种工具，包括建筑模板在内的物料近 10 吨，而建造完工的作品尺寸误差不得超过 1 毫米。中国代表团首次参加这项比赛，他们能完成吗?

2018 年 3 月，陈君辉、李俊鸿从学校的选拔赛中脱颖而出。之前的日常学习和操作，让他们已经具备了一名建筑技术工人应有的过硬素质。进入集训队，核心任务就是理解和掌握世赛各项规则及评分标准，并将这些转化为操作程序、工艺技能。

技术数据是极其枯燥的，工艺技能必须在训练中理解和应用。专家教练团队是他们最强大的后盾，一轮又一轮实战，虽然模拟的是比赛样题，但陈君辉、李俊鸿将这些和广州的地标建筑联系在一起。广州塔，中国第一高塔，直冲云霄 600 米，虽然塔身是镂空钢结构，但支撑起这个高度的依旧是塔中混凝土核心筒以及强大的钢筋混凝土地基。想着自己参加的这个赛项取得的成绩，将可能和广州塔一样，成为母校、广州，乃至中国的一个标志，手中的每一页文件、每一件工具、每一块模板、每一袋水泥，都充满了活力和智慧。

随着赛期的日益临近，广州的气温也迅速蹿升了起来。38 摄氏度，当人们穿着短袖、吹着空调、喝着冷饮的时候，他们一身厚重结实的工装和手套，流出的是汗水，留下的是标准。最终，他们将默契配合和体能分配作为最后的难点。

精确到每个操作点的分工合作，确保两人的作业珠联璧合；每天1万米的长跑加专项体能训练，确保整个环节保有足够的体力。赛前准备1天，模拟比赛4天，工位清理1天，每6天一个完整的循环，将工作量提高1倍、标准值提升50%，为的就是喀山一战。而这一天终于到来了。

第一天下午的比赛刚过1小时，陈君辉突然感到手一阵疼痛，在明确这样下去将无法完成后续高强度的作业后，他放下了手中的工具。在使用手动折叠锯修整木材的时候，由于一时只留意修整的位置，导致折叠锯划破手套，割伤了食指。此时，鲜血已经染红了手套，还在不停地往外渗出。

短暂的思考，陈君辉向现场裁判举手示意。巴西籍裁判做了一个初步的判断，就直接叫上翻译一同前往医疗点处置。伤口不算深，但伤到了真皮层毛细血管，导致出血量很大，需要做缝合手术。

清创、止血，陈君辉要求只做一个简单包扎，但医生不同意，生命健康高于一切，因此而退出比赛也是非常正常的。双方僵持了15分钟，医生的职业操守和选手的比赛意愿发生了冲突。直到项目首席裁判赶来，进行了全面评估后，同意了陈君辉简单包扎的请求，但告知由此耽搁的时间不予补时，这是自身失误所致，与场地、工具、设备及他人无关。陈君辉接受了这个决定，回到比赛场地，时间已经过去了整整 40 分钟。

伤痛、心痛，全部化作了动力。16 时 20 分，当天比赛结束，陈君辉、李俊鸿高质量地完成了既定任务。回到驻地，当中国代表团的医生揭开陈君辉手上的第一层纱布时，血块早已凝固，像混凝土一样牢牢地将里层纱布粘在皮肤上。

李俊鸿

这个意外，意外地考验了陈君辉、李俊鸿作为一个团队的契合度和应变力。这是一个完美的组合。在后面的比赛中，用鲜血和汗水洗礼而成的战斗力，让他们如虎添翼；安全防范、放样施工、架构模板、精确测量、绑扎钢筋、加注砂浆、手动搅拌、余料回收、清理场地。当他们起身示意比赛任务全部完成时，邻场的奥地利、德国、俄罗斯、法国等国选手还在埋头苦干。

平时的刻苦训练和比赛的超常发挥，让结果没有悬念，陈君辉、李俊鸿获得了金牌——高标准、高精度、高颜值，中国团队用自己的作品向世界展示了中国混凝土建筑的超高水平，用这个项目的世赛首金向新中国七十华诞送上了一份厚礼。

从 2018 年参加学校选拔，到 2019 年 8 月 27 日夺得世赛冠军，陈君辉、李俊鸿一共经历了 500 多天。从中他们体会到，司空见惯的混凝土浇筑，原来蕴含着如此多的科学原理和工艺技术。用中国混凝土建筑新工艺领跑世界，这是两位金牌选手喀山凯旋后新的梦想！

3. 李虎：我是一个兵

“我是一个兵，一个野战兵。”李虎这样介绍自己。1992 年，他从部队转业，来到中国兵器装备集团长安汽车渝北总装厂，成为一名汽车总成装配工。他高中毕业入伍，在野战部队是一名优秀的射手，还是一名优秀的军车驾驶员。转业到工厂，他怀着当初入伍般的激情开始了一名企业“战士”的职业生涯。

一辆汽车由若干零件、部件、组合件装配而成，如发动机、变速器、转向器、前桥、后桥、车身、车架等。这些对李虎来说并不陌生，对汽车的基本结构，在部队学习驾驶和常年的演习训练中，李虎不但了然于胸，而且具备一定的故障判断和排除能力。但要从一名汽车使用者转变为一名汽车生产者，要学的东西还真多。“脱下军装，我还是一个兵。”李虎这样说，心里也是这样想——从零开始学习和训练是他给自己下达的命令。

野战军战士就是作风顽强、战术过硬、头脑灵活，敢于在任何环境和变化中打硬仗、打胜仗。27 年过去了，李虎已经从当年企业的一名汽车总成装配线上的新兵，成长为长安汽车股份有限公司长安自主品牌轿车调试高级技师、公司一级技能师、中国兵器装备集团技能带头人、中国兵器装备集团技能大师、享受国务院政府特殊津贴专家、重庆市“李虎技能大师工作室”领办人。在集团内部，他还有一个美誉，那就是汽车“调试第一人”。任何一辆总装下线的轿车，总要经过他的检测调试，使性能处于最佳状态；而任何隐含的瑕疵、隐患，都逃不过他的火眼金睛和妙思巧手。

成长从拆解汽车的心脏发动机开始。李虎看不太懂图样，就将图样零件与实物一一对照，再利用工余时间熟悉整个发动机组装流程，弄清各个零件之间的关系。他到报废车处理企业，拆出一台长安汽车发动机，按照图样一一拆解，分别编号，然后再按序组装回去。一台又一台，从熟练到“庖丁解牛”。他还对拆解下来有问题的零件进行维护或更换，组

李虎(左)

装后装回汽车，使汽车能够正常启动，这给了他无限的信心。之后，变速器、转向器这些汽车的关键总成也都被他一一攻克。

1996年，也就是他成为一名企业“战士”的第五年，整个汽车产业随着机电一体化技术的日益成熟而发生了一场深刻变革，传统汽车相对独立且简单的电气电路已经发展成电气控制系统，比如发动机最重要的组件之一化油器改由电喷系统控制。这对工人的技术要求有了质的飞跃。当时，整个长安厂没有一个懂电子电路技术的工人，而李虎在部队时就接受过相关电子电路维修科目的训练，于是就成了厂里第一个汽车电气控制系统调试工。

所谓汽车电控系统，通俗地说，就是充分利用电子技术控制的精确性、智能性对汽车机械装置进行操控，主要包括动力总成的电子控制、底盘的电子控制、车身系统的电子控制和信息通信系统。这是一个全新的课题，李虎这次遇到了一场硬仗。

“办法总比困难多。”对有心人来说，这句话能起到励志甚至是提升信念的作用。面对成百上千个零部件、密密麻麻的数据线以及每个数据后面的质量标准、工艺规范和性能指标，李虎采取了整体把握、重点突破、细节攻关的策略，收到了非常好的效果。

所谓整体把握，就是弄清电控系统的原理，这需要通过系统学习来完成；所谓重点突破，就是将汽车分为发动机、底盘、车身、信息通信等若干部分，弄清其具体的电子控制方法和技术要点；所谓细节攻关，就是对遇到的每一个技术问题，穷追不舍，以点带面，在弄清技术节点的同时，又带动了相关知识和技能的综合应用。

一次，他发现一辆刚下线新车的电控喇叭声响似乎有些不对。经测试，工程师认为这是在技术指标允许的范围内，可以忽略。但作为调试工，李虎在征得领导同意后，将一辆新车驾驶舱全部拆卸，对其中已经封装的所有线束全部分解，一根一根地检测，整整3天，终于找到问题的症结：其中一根线的接线方式导致电阻微弱增大，而且在连接车灯的线束中也发现了类似的问题。为此，他提出了工艺改进方案，经过公司技术部门的验证，他的分析结论完全正确，工艺改进方案被全部采纳。

拿破仑有一句名言，不想做将军的士兵不是一个好士兵。早年在部队时，首长就曾用这句话激励过战士。但李虎对这句名言有自己的理解：没有战术过硬、作风顽强的优秀士兵，再英明的将军也无用武之地。长安公司也深谙这一点，为技术工人专门制定了14个技术等级：基础层（见习工、初级工）、经验层（中级工、高级工）、骨干层（初级技师、中级技师、高级技师、特级技师）、核心层（三级技能师、二级技能师、一级技能师）、领军层（兵装技能带头人、兵装技能大师）。这些等级和公司评选的各层级“设计师”“管理师”齐头并进，待遇相同。李虎的目标是“兵装技能大师”——企业最优秀的“士兵”，而要达到这个层级，没有点绝活是不可能实现的。好在公司早已给他们搭建好平台，那就是公司有很多立项课题，每个员工都有参与的机会，有些课题甚至要求每个员工都做方案，然后从中选择一个最好的。李虎就是这样脱颖而出的。

“关于A101转向器装配困难的改善方案”是李虎拿下的第一个课题。这个课题的经济价值不大，但对原有工艺规范是一次创新性的完善。李虎说，自从这个工艺得到改进后，最后的整车调试在这一块就完全没有问题了。

像这样的课题成果，这样的创新思维，随着经验的不断积累和技能提升的叠加效应，李虎做得越来越多。他的“1/3 拆卸法”能解决 CM9 右前 A 柱内饰板、胶条、顶棚出现的 95% 装配不到位的问题，他的“新型线束装配法”能解决发动机线束插头进水工作异常等问题……

有一次，他发现一个批次的新车出现了常人难以察觉的异响，而且是间歇性的。他让同事来复诊——正常，让检测技术员来复诊——还是正常，让模块工程师来复诊——依然正常。只有他不肯放弃，连续几个小时不间断地测听，发现那极其微弱的声音偶尔响起，如同提琴的弦丝突然偏离正常旋律颤抖了一下。公司立即抽取样车进行全面测试，发现了同样的问题，但症结在哪里？就连专门研究轿车 NVH（噪声、振动与声振粗糙度）的工程师也一时难下结论。

轿车电控系统高度发展后，人们对整车性能的检查以及故障的查找基本依靠专门的检测仪器设备。然而，恰恰有些问题是这些现代化的仪器设备也无法解决的。凭借积累的经验，李虎和这个问题较上了劲。在借助之前各种检测的专业数据初步对故障位置定位后，他拆下了发动机及其相关配件，然后重新组装。这次，这种异响最终没有再出现。据此，李虎将问题锁定在发动机怠速控制阀上，组装过程中，他将其中两个零件间的间隙调短了 0.1 毫米。经过技术部门的科学鉴定，问题果然在这里。公司将“改善改良示范岗”的标牌镶嵌在李虎的工位上，而此时的李虎也由公司一级技能师晋级为兵器装备集团技能大师。

2013 年，李虎受聘担任世界技能大赛汽车技术项目国家集训队总教练。他的徒弟杨广在第 42 届世界技能大赛汽车技术项

目比拼中获得优胜奖。2015 年，他将徒弟陈思良送进国家集训队，并成为正选选手，获得第 43 届世界技能大赛汽车技术项目优胜奖。2017 年，他依然执教国家集训队，指导选手杨文洁斩获银牌。2019 年，他继续执教国家集训队，指导选手王桢再次斩获银牌。而这之前，凭借自己编写的《汽车电控系统工作原理》《汽车故障模式实际维修操作》等讲义以及坚持不懈的岗位创新实践，他的技能大师工作室已经走出了十余名技师、高级技师等技能人才。

我是一个兵，以前的职责是保卫国家；现在的职责是建设国家，做好班长。我是一个兵，一个野战兵，忠诚国家，忠于人民，勇于拼搏、敢于牺牲、逢战必胜是我的使命，也是我生命的价值。这是李虎对“兵”的理解，也是他的精神支柱和理想信念。

4. 王晨宇：我是一朵焊花

2013 年 7 月，19 岁的王晨宇以 531 分第五名的成绩获得第 42 届世界技能大赛焊接项目优胜奖。之前，他的师兄裴先峰在这个项目上获得银牌，他曾被寄予厚望，就是要在师兄获得银牌后，摘取那颗焊接皇冠上的明珠，让这颗明珠属于中国，然而结果却是与金牌失之交臂。

从德国莱比锡比赛归来，和其他选手一起，他获得了来自国家、企业和社会的各种表彰和奖励，被授予“全国技术能手”荣誉称号，破格晋升为高级技师。这一切来得太突然，他还没有做好心理准备。世赛金牌已经离他而去，接下来的“金牌梦”又在何方？这对一个 19 岁的青年来说，确实是一个沉重的课题。

焊接被称为“无所不需”的工艺，是应用广泛的一项工程技术，从机场、码头等建筑到船舶、锅炉等机械设备，从普通民用工程到航空航天飞行器制造，都需要焊接。所以，一枚焊接项目金牌的背后所展现的是一个国家技工技能的高低、制造能力的强弱。

“作为一个代表国家出征的竞赛选手，争金夺银，为国争光，是一种神圣的责任和义务；但作为一名焊工，用焊枪参与国家建设，用技能攻坚克难，用汗水创造价值，用焊花闪耀人生，用奉献回报国家，这才是我们追求的终极金牌和美丽梦想。”师傅周树春对他说这番话的时候，他的师兄裴先峰早在2012年年初，就主动请求回到他所属的一建公司313工程队，投入我国西南地区第一个特大型石油化工项目四川炼化一体化基地施工建设中。2014年12月，裴先峰又跟随一建公司海外项目队转战约旦，继续用多彩的焊花照亮自己青春的梦想。王晨宇明白了，自己就是一朵焊花，在世界技能大赛舞台上即便再夺目也是一闪而逝，只有投身国家建设工程才能永恒闪耀。

2013年8月，王晨宇将世赛优胜奖证书压入箱底，将高级技师证书揣在怀中，去掉头上“全国技术能手”的光环，从零开始。王晨宇的第一站就是跨越国境。在公司承接的越南某重点工程锅炉钢结构项目中，他主焊锅炉的基座部分，这是对焊接技术要求最高的工作，哪怕是一根头发丝粗细的焊缝缺陷，都有可能引发安全事故，小到无法预估的经济损失，大到人的生命安全。然而，信心满满的他，第一条焊缝就被X射线探伤检验为不合格。他顿时傻眼了。这突如其来的打击令他措手不及。如果说在学校技能不过关、试件报废丢掉的是分数，在赛场上操作不到位、质量不精良失去的是奖牌，那么在这里丢掉的、失去的不仅仅是可以计算的成本，更重要的是企业的信誉、国家的名片！

他接受了公司的处罚。这次失败，让他知道企业的“高级技师”不是在赛场上就能获得的，“全国技术能手”的荣誉是需要用优质的企业产品来捍卫的。他请教焊接工程师，分析焊接不合格的原因；他求助老师傅，学习面对各种工况恶劣的焊接作业面需要采取的特殊工艺应对措施；他从技术部门找来了《锅炉焊接工艺规程》《锅炉焊接返修工艺规程》《压力容器安装焊接工艺规程》等书籍和相关技术文件开始恶补理论知识的不足；利用废旧钢材反复演练特殊作业面的操作技巧。毕竟是经过严格正规培训的世赛选手，在将不合格的基座第一条焊缝二次补焊合格后，王晨宇明白了，他手握焊枪责任重大，真正的“金牌”之路才刚刚开始，真正的技术能手需要用真正的“金牌”来铸就。

很快，王晨宇不但成为公司的焊接骨干，还成为一支以各级各类焊接竞赛获奖选手为主体组成的青年突击队队长。哪里有最棘手的项目，哪里是最艰苦的环境，他就领命带着突击队出现在哪里，冲锋陷阵，攻无不克。其中，王晨宇认为值得一提的是2016年韩国的一个钢结构项目，业主提出焊接质量要用全世界最严格的欧洲标准检验，而且要求的工期很短。突击队接到任务后，没有仓促上马，而是先按照欧洲标准，在废旧材料和模拟钢结构上进行练习。这种战前反复推演犹如真实战场，王晨宇作为“一线指挥员”早已形成习惯。最终，这个项目不但按期一次性成功，而且质量检验结果全面超出业主要求，令业主赞叹不已，同时也为企业迎来了新的订单。

王晨宇

2015年5月17日晚，《中国大能手》真人秀“强焊之战”在中央电视台财经频道强档推出。节目中，来自全国焊接业界的5名顶级技能高手巅峰对决，用手中的焊枪在电光火石中闯关：在有限的时间里，焊工要为模特分别焊制一条“铁裙”；正在激流勇进的船体破洞进水，需要焊工用焊枪把破洞缝合；爬上天梯去焊接高空中的物件，看谁最先登顶。节目中，选手零防护为中央电视台90后女主持人黄婷婷现场焊制一条“铁裙”和一件“马甲”，可谓《中国大能手》自开播以来难度最大的一个项目。黄婷婷笑称：“这是第一回体验当钢铁侠的感觉，离得这么近，隔着铁都能感觉到电焊的高温，紧张刺激！”3天闯关，每关一人被淘汰。王晨宇笑到了最后，以狙击手般的精准和顽强，将《中国大能手》的冠军奖杯当之无愧地揽入怀中。

王晨宇参加了越南台塑高炉、广西丹宝利酵母厂、广西武钢等重大工程建设项目，凭借优异的战绩和出色的技术，让他获得业界的高度认可：2015 年 9 月，被中国冶金建设协会聘为高级技能专家；2017 年 5 月，被中国工程建设焊接协会评为“2016 年焊接之星”。这个在数十万焊接工人中只有 7 人当选的奖项所蕴含的分量只有业内资深专家才能体会。

2017 年 10 月，这颗“焊接之星”闪耀在十九冶马来西亚马中关丹产业园区建设项目中。作为公司专啃硬骨头的青年突击队队长，面对既需要高等级质量标准，又需要在 5 个月内完成的 350 万吨钢结构焊接任务，王晨宇接受了一个又一个难题的考验。工程的屋面钢梁需要探伤，但现场条件有限无法实现。经过三次试验，王晨宇制定了新的焊接工艺，预留 10 毫米缝隙，在反面加一块 30 毫米宽、4 毫米厚的钢板，再进行焊接，结果完全符合预期，探伤合格率一次性达到 100%，为国家“一带一路”海外工程建设项目立下了汗马功劳，用自己的实际行动演绎了大国工匠的精神风范。

育己达人。短短几年，跟随王晨宇参与 70 多项重点建设工程并冉冉升起的技能新星们，有 4 名全国技术能手、2 名全国工程建设系统技术能手、1 名省级技术能手、1 名市级名匠工作室领办人、1 名高级技师。

现在，王晨宇这位年仅 25 岁的全国五一劳动奖章获得者，在以自己名字命名的省级技能大师工作室的工作岗位上，一如既往地用汗水和智慧继续着他的“金牌”之梦，实践着他的“金牌”之旅。

“虽然我也被称为大师，但我就是一朵焊花，水平离师傅周树春还很远，离师兄裴先峰也很远，我一定会奋起直追。”王晨宇说，“国家培养我，企业成就我，我一定要以中国有我而骄傲。”

在王晨宇这样说的时候，他的师弟曾正超已被授予“中央企业青年先锋”称号，并多次参加行业间的技术交流，受邀出访俄罗斯、美国等国家，与世界优秀顶尖的技能人才切磋技艺，传承和展示大国工匠精神。2017 年 5 月，曾正超追随两位师兄的足迹奔赴中国十九冶印度尼西亚 OBI 镍铁项目部；2018 年 10 月，他又奔赴越南，投入到台塑河静钢铁干熄焦发电项目安装工程的战斗中。

将金牌焊花化作高端中国制造，让中国焊花永远闪亮于世界舞台。这就是王晨宇、曾正超的报国之志，也是赵脯菠的现实追求。

三、圆梦之路

青年最富有朝气，最富有梦想。近代以来，我国青年不懈追求的美好梦想，始终与振兴中华的历史进程紧密相连。在革命战争年代，广大青年满怀革命理想，为争取民族独立、人民解放，冲锋陷阵、抛洒热血。在社会主义革命和建设时期，广大青年响应党的号召，向困难进军，向荒原进军，保卫祖国，建设祖国，在新中国的广阔天地忘我劳动、艰苦创业。在改革开放历史新时期，广大青年发出团结起来、振兴中华的时代强音，为祖国繁荣富强开拓奋进、锐意创新。

这是习近平总书记 2013 年 5 月 4 日，在航天城同各界优秀青年代表座谈时的一段讲话。总书记充分肯定、褒扬了近代以来一代又一代中国青年筑梦、追梦和圆梦的奋斗历程，深切地寄语当代中国青年：“人的一生只有一次青春。现在，青春是用来奋斗的；将来，青春是用来回忆的。”在这个全民族为实现中国梦而凝心聚力的伟大时代，需要志存高远、迈稳步子、久久为功。

2017 年 10 月 18 日上午，习近平总书记在中国共产党第十九次全国代表大会上的报告中对中国青年的圆梦之路再次提出了新的期望：

青年一代有理想、有本领、有担当，国家就有前途，民族就有希望。中国梦是历史的、现实的，也是未来的；是我们这一代的，更是青年一代的。中华民族伟大复兴的中国梦终将在一代代青年的接力奋斗中变为现实。广大青年要坚定理想信念，志存高远，脚踏实地，勇做时代的弄潮儿，在实现中国梦的生动实践中放飞青春梦想，在为人民利益的不懈奋斗中书写人生华章！

1. 潘沈涵、陆亦炜：花样少年

潘沈涵的偶像是德国的花艺大师葛雷欧，这位享誉世界的花艺大师，打破了一直以来被奉为经典的花艺理论和创作原则，他的作品不尚雕琢，而是力求运用花材最自然生动的姿态造型，即便是一段枯枝、一节残竹，甚至是几片干枯的树叶，都可以在作品中化腐朽为神奇，展现它们原本不为人知的美丽。

也许是秉承了葛雷欧的花艺理念，第 44 届世界技能大赛花艺项目要求选手必须遵循一个原则：尊重植物——花是有生命的，花与花之间要有空间感、灵动感，每一朵花不能被枝条所压，而且无论用何种方式，必须吸到水分。

潘沈涵

潘沈涵和花艺打交道是意外的缘分。中考失利，潘沈涵凭借自己的美术功底走进了上海市城市建设工程学校（上海市园林学校）。起初，潘沈涵对花艺的了解仅仅停留在将花弄得好看些，就像经常在上海市人民广场或者电视节目中的天安门广场上所见到的那样，再就是遍布大街小巷的各色花店代售的那些花束、花篮。潘沈涵在学校举办的第 44 届世界技能大赛花艺项目校内选拔赛中脱颖而出后，成为学校一名世赛花艺项目特训选手。从这一天开始，他真正和花艺打上了交道。

教练告诉他，花艺不是简单的插花，花艺师要能够为不同季节、场合、活动或者主题进行创造性设计，先搭建起一个架构，然后再用鲜花与之配合，使其呈现出艺术的美感。

随着对各种花材特性的理解，潘沈涵从最简单的单品花束整理开始，知道如何根据主题来搭配不同的花材，知道如何处理花、叶、枝条和配饰之间的关系，知道如何利用容器、植物和一切必要的材料进行艺术性架构，然后配上鲜花使之成为一件有生命力的艺术品。

创造性和艺术性是花艺的灵魂所在，这是在接受了一年半的专业训练后，潘沈涵得出的结论。而要成为一名真正的花艺师，并能够在世界花艺竞赛中获奖，就必须有创新的独特眼光。

2017 年 5 月，潘沈涵来到芬兰，观摩芬兰的花艺国赛。在这里，他见到了很多从未见过的鲜花品种，颜色十分鲜艳夺目，比赛用的辅材也令他眼花缭乱。大赛的最后一个项目是庆祝芬兰独立 100 周年庆典手腕花，这让潘沈涵脑洞大开，选手们的作品不但精致，而且很多创意非常独到，制作手法也别出心裁。回到学校，潘沈涵调整了训练思路，将重点放在创意设计和手法创新上。这直接为决战世赛金牌铺平了道路，也更加接近葛雷欧大师的花艺理念。

第 44 届世界技能大赛花艺项目历时 4 天共 19 个小时，进行手捧花、切花装饰、植物设计、新娘手捧花、桌子花饰以及 4 个神秘箱等 9 个项目的比拼，20 个国家和地区的选手参加了角逐。

第一次踏入国际赛场的潘沈涵并不紧张，有的只是对花艺创作的期待，对展示花艺作品的渴望。所谓“初生牛犊不怕虎”，说的大概就是这种状态。

第一个比赛作品的主题是“水”，在弯曲螺旋花束所用的架构枝条时，因速度过快，枝条断了。潘沈涵愣了一会儿，索性将错就错，将本应横向上架的藤叶改为波浪状，不但有效地弥补了断枝的缺陷，还使得“水”的主题更加突出。看到场外注视他比赛的教练们脸上露出的微笑，他知道自己的这个作品成功了。

晚上，在和专家、教练讨论一天赛程的成败得失时，面对已知的主题和不可知的花材，潘沈涵充满自信地表示：“我只要用心做，就没有什么难度。”

第二天比赛所给的容器是一个让所有选手都大跌眼镜的黑色木盒。常规的思路是在木盒内填进沙土和水，再做一个相匹配的漂亮花卉造型。潘沈涵却另辟蹊径，用手锯将木盒对角切开，做出一个造型独特的架构，然后上花，各色花卉依架绽放，浑然一体，活脱脱一朵盛开在波斯湾海礁上的雪莲。

“桌子装饰”是潘沈涵最得意也是最失意的一个比赛模块。它要求围绕一张50厘米见方的方桌展开创作，桌子可以当作底座，也可以当作素材。思考良久，潘沈涵选择将桌子斜线切开，将两个半面桌重新拼接，勾勒出高挑、悬空的空间感，再用适量花材进行装饰。当手锯声再次响起时，引来了更多的观众和各国教练。花艺是一个非常文雅的项目，怎么会如此大动干戈？当作品成型时，潘沈涵听到了观众异常热烈的掌声，这是对作品的现场奖赏。然而，裁判组却给该作品打出了一个赛后潘沈涵才知道的低分，因为该作品要求以单一桌子进行创作，而潘沈涵的作品中涉及两个桌面，被评委视为违反

“单一桌子”的限定规则，给予了大幅扣分的处理。

比赛是公平公正的，只要你用心去做，就一定会得到认可。在“新娘手捧花”模块的比赛中，新娘是一位身着阿拉伯传统婚纱的阿布扎比模特。如何设计才能既符合模特的身材、气质和服饰，又能体现阿布扎比独特的文化元素？在国内选拔赛中，潘沈涵就曾制作了一个月亮，上面有一艘帆船，这很契合阿联酋的月亮船。因为有过这样的训练，潘沈涵充分相信自己的理解，做出了一个别具一格的新娘手捧花，在全场只有 3 名选手完成作品的情况下，潘沈涵获得了这个单项 9.8 分的最高分。

时间飞逝，在比赛结束前 1 分钟，潘沈涵为他的作品插上最后一朵千代兰。这场比赛，潘沈涵共用去 150 根枝条、600 枝花、300 枝叶材、30 个盆栽。

花艺评分 30% 是客观分，70% 是主观分，前者是比赛规则，后者是个人创意与艺术表达，而人们对艺术的理解是因人而异的，所以唯一的方法就是让所有人看到作品的美，这样才能脱颖而出。

赛后，潘沈涵说他在比赛中自始至终都沉浸在自己和花的世界里，就像葛雷欧大师进行花艺创作时那样……

陆亦炜

2017 年 10 月 19 日，第 44 届世界技能大赛闭幕式晚会上，潘沈涵这位中国队最年轻的参赛者，以领先银牌 25 分的超级优势站上了冠军领奖台。他身披五星红旗，领取了这份由自己打造的送给自己 18 岁成人礼的礼物——花艺金牌。

两年后的 2019 年 8 月 27 日，他的师弟陆亦炜，在俄罗斯喀山成功摘取了第45届世界技能大赛花艺项目金牌，以独特的创意和高超的技能再续了中国花艺的一段传奇。

一样的是两位少年的花艺之道，不一样的是他们的夺金之路。喀山赛场，陆亦炜遇到的是俄罗斯花纹的木质花瓶、俄罗斯风情的花色配布、神秘盒子里的60个普通酒瓶，以及从未见过的60厘米×60厘米的粗糙泥盆。

最后端详自己完成的作品，陆亦炜感到自己的眼角都湿润了，他完全沉浸在自己的艺术世界里，东方细腻的花艺和俄罗斯粗犷的材料有机结合造就出的形态，如同梵高所画花瓶里的向日葵，在灿烂的阳光下，闪烁着熊熊的火焰。这已不仅是植物粗重、单纯的色彩，而是带着激情和灵动的生命体。

如今，潘沈涵、陆亦炜正在新的起跑线上继续着中国花艺大师的梦想，在这条永远没有终点的跑道上，他们带着梦想奔跑。也许下一站是2021年上海的世界技能大赛，也许是2021年扬州的世界园艺博览会。终站在哪里？还是让两位花样少年用作品去作答吧。

2. 梁攀：电子世界的追梦者

1904年，世界上第一只电子管在英国物理学家弗莱明的手中诞生，开启了人类社会电子时代的大门。

1907年，美国发明家德福雷斯特在弗莱明二极管的基础上发明了三极管，电子工业由此诞生。

1946年，美国宾夕法尼亚大学用1.8万只电子管元件，发明了人类历史上第一台电子计算机。这个庞然大物占地170平方米，重30吨，每小时耗电150千瓦，但每秒钟可进行5000次运算。在当时，这可是一个奇迹般的速度。

1947年，美国贝尔实验室物理学家肖克利、巴丁和布拉顿三人合作发明了晶体管——体积小、功率大、寿命长、性能稳定，这个电子技术发展史上的里程碑，引发了电子技术一场翻天覆地的革命。

1958年，美国科学家基尔比在一块4平方毫米的电路板上，将20多个元器件连接在一起，第一块集成电路板诞生。从此，无论是人造卫星、宇宙飞船还是平板电脑、智能手机，微电子技术彻底改变了人类的生活。

梁攀，重庆铁路运输技师学院电子专业教师，主讲嵌入式编程、电子技术实习、电子CAD等专业课程，自称是一个电子世界的追梦人。

初中时代，梁攀特别喜欢物理，准确地说，特别喜欢物理中的电学部分，教科书上一些小的电路实验，不用老师指导，自己就能在家里做出来，还尝试做一些喜欢的电子装置小玩意儿。比如，用电池点亮灯泡，用转盘转动带动小电机发电，用泡沫板和电机做成一只小小的电动游船……。现在，这些东西还保留在抽屉里，有时拿出来看看，感觉还是很有味道。

中考失利，梁攀一度非常失落，他索性来到一家电子企业打工，在流水线上将电子器件插入电路，非常有趣，但背后的原理却一窍不通，电子产品的设计、调试、维修，这些令他向往的工作也就与他绝缘了。

2013年9月，梁攀重返校园，成为电机电器装配与维修专业的一名学生。

一年的打工经历，让他有着与众不同的学习心态和学习方法。课堂认真学，课后勤练习，还借着相关技能实训课程在不同班级开展的先后顺序，到其他班级蹭课。这些举动很快引起了老师和学校的注意。

2015年2月，梁攀参加学校技能大赛集训队，备战重庆市的职业技能大赛。在征求参赛意向时，他毫不犹豫地选择了自己还未学过的单片机控制装置安装与调试项目，结果名落孙山。同年11月，梁攀再次参赛，获得二等奖，入选世界技能大赛电子技术项目重庆集训队。此时，梁攀开始将自己和曾经连仰视勇气都没有的世界技能大赛联系在了一起。

电子技术项目是指运用电子元器件设计和制造某种特定功能的电路或编制某种功能要求的程序代码以解决实际问题的竞赛项目。

世界技能大赛电子技术项目比赛共设置硬件电路设计与组装，嵌入式程序设计，故障检测、测量与维修三个模块，赛程为4天，累计比赛时间为19个小时。

设计电路、绘制PCB、焊接调试电路板、编写程序，这些作业都留在了实验室，但越来越多的知识和技能却留在了梁攀的脑海里。

2016年8月，第44届世界技能大赛电子技术项目全国选拔赛在上海举行。梁攀以第四名的成绩入选国家集训队，这时距离第44届世界技能大赛越来越近。

梁攀

2017年3月，梁攀在考核选拔中落败；同年毕业季，梁攀留在了基地所属的重庆铁路运输技师学院，成了一名教师兼第 45 届世赛梯队选手，游弋于电子世界。课堂上，他信手画出电路图；训练场，他编程驱动机械手……。厉兵秣马一整年，终于迎来了 2018 年 6 月第二次入选国家队的时刻。

这一次，梁攀以第一名的成绩再次踏入国家集训队，追梦的目标愈加清晰而强烈。在一个更高的平台上设计、编程、排故，直到 2019 年 3 月“五进一”成功。梦想已通过嵌入式程序驱动着他的每一根神经，触发着他的每一个细胞的活力，构成一个回路，高速运算。

2019 年 8 月 23 日，第 45 届世界技能大赛正式开赛。梁攀的工位是 1 号，面对场馆大门，阳光从玻璃门直射进来，照亮了工位的每个角落，却暗淡了电脑屏幕上的程序符号。戴上护目镜，屏蔽炫目，面对电子世界，梁攀完全沉浸其中。

电路设计是先采用模拟电路，对各种信号源进行直接处理；再采用数字电路，将双极型集成电路（TTL 电路）和单极型集成电路（MOS 电路）组合，以实现最优的电路输出功能。

和电路设计一样，PCB 设计无论是底层布线还是顶层布线，只要综合考虑软件的镜像功能，就可以做到最优。

嵌入式编程是绝不能失分的，高度发达的电子技术如果离开了程序驱动就会回到“基尔比”时代。

故障判断与维修是任何一个电子产品从“出生”到“死亡”整个生命

过程中不可或缺的保障。任务书中列出了5个故障点，是否还有其他隐患？这是考验技术水平的关键点。梁攀找到了7个，原本“带病”工作的电路彻底恢复了“健康”。

最难的模块都拿到了领先的最高分，最基础的电路焊接和功能调试则是梁攀早在企业打工时就练就的本领。所以，比赛结束时，梁攀有一种意犹未尽的感觉。他还想继续在电子世界里徜徉，完全没有留意整个过程中有很多镜头对着他，甚至还有一台摄像机在记录着他的每个动作。

第45届世界技能大赛，梁攀拿回了中国代表团连续奋战三届才得到的电子技术项目金牌，而这背后是中国电子产业的高速发展。2019年6月，第五届中国智慧城市国际博览会向世界展示了中国电子信息技术在智慧城市建设中的辉煌成就。梁攀的这块金牌预示着中国电子技术青年的梦想正在逐步成为现实，而整个世界对于电子技术制高点的争夺，让梁攀作为一个追梦者有了更为广阔的游弋空间。

“技高行天下，能强走世界！”凯旋后的梁攀表示，在重庆铁路运输技师学院——世界技能大赛电子技术项目国家集训基地，他将是一个在电子世界里永远追梦的人。

3. 肖星星：星星的背后是宇宙

一个普通的清晨，启明星还高悬在天边，肖星星穿上集训服，下楼穿过楼宇间的校园小道，就已经看见老师赖勋忠的身影。师生二人没有说一句话，沿着操场的跑道，由慢到快，一圈又一圈；3000米后，两人来到单杠前，引体向上、小回环……

上午8点整，肖星星准时来到电气装置实训室，径直走到自己的工位前，材料已经备好，工具也已就绪，一张图纸端正地摆放在工作台正中，如果用尺子去量，图纸的四边必定和工作台的四边平行，误差必定在1毫米以内……

半个小时后，肖星星收起图纸，将一块模拟电路板放到面前，先用一块洁白的专用毛巾擦净上面的灰尘，尽管上面没有灰尘，擦净上面的

肖星星

污渍，尽管上面没有污渍。然后戴上手套，用铅笔和量尺将图样上的点和线“复制”到电路板上，闭上眼微微地想象一下，在脑海中将图样和实物重叠……

肖星星在做这些动作的时候，看不到老师的身影，可他知道老师一定在自己的身边，自己的每个动作、每个步骤、每个尺寸，甚至每个心理波动，他都看得非常清楚……

肖星星不会忘记，2014 年 9 月，走进江西省电子信息技师学院电子技术应用专业就读的第一周，一个高个子老师刚走进课堂，就问了一个让大家颇感意外的问题：“你们谁知道家里的电灯是如何点亮的?”一片叽叽喳喳的议论声中，“拉开开关点亮的”“供电局送电才会亮”“灯泡坏了，就不亮了”，五花八门的答案断断续续地冒了出来。“是爱迪生发明了灯泡，才点亮的。”这是肖星星的回答。老师表扬了肖星星，便接着讲了下面这段话。

1879 年 10 月 22 日，爱迪生在试验了 7000 多次，用了 6000 多种材料后，终于找到了日本的一种竹丝，在经过碳化处理后，可以让灯泡持续点亮 1000 个小时以上。1881 年，爱迪生在巴黎世界博览会上展出了一台重达 27 吨，可同时点亮 1200 盏电灯的发电、供电设备。从此，电灯逐步取代了煤油灯，照亮了全世界。而这套同时点亮 1200 盏电灯的装置，可以说是世界上第一台电气装置——这就是我们这门课的源头，我是这门课的任课老师，我的名字叫赖勋忠。

肖星星被深深地吸引了，一头扎进了这个专业、这门课程。3 个月后，他一举斩获了学校技能竞赛电气装置项目一等奖，进而成为老师赖励忠领衔的电气装置工作室的一员。

课堂上的赖老师看上去很是和蔼可亲，讲起课来风趣幽默，可在他的工作室，肖星星很长时间都没看到他一个笑脸。将工位已经整理得很干净了，还是不合格，重来；将工具已经摆放得很整齐了，还是不合格，重来；将电线已经排布得很好看了，还是不合格，重来；将焊点已经焊得很牢固了，还是不合格，重来……。不断的“重来”一度让肖星星感到迷茫甚至绝望：是老师太严，还是自己太差，达不到老师的要求？

其实，老师对工作室里的所有人都一样。肖星星有几次偷偷地去看同学的工位和作业，感到自己做得并不比别人差，顿时对老师生出几分埋怨来，不过还是很快就打消了。他知道严师出高徒的道理，只是这个严师实在是太苛刻了。

这年的春节，远在广东惠州打工的父母回家过年，问起肖星星的学校和老师，听到儿子的抱怨，这个在建筑工地劳作了十几年、脸上刻满了沧桑的山里人，竟然推迟了上班的时间，等到开学亲自将儿子送到学校，送到了赖励忠的工作室：“谢谢赖老师，肖星星打小是跟着他爷爷奶奶长大的，特别需要您这样的老师严格教育。我在建筑工地，他妈妈在电子厂流水线上做装配工，一两年才能回来一次，还请老师多给他点苦头吃。他能吃苦的，真的，什么苦都能吃，只要能跟着您学本事。”

父亲走了，没有一句安慰，肖星星没有怨言。他知道在老家，只有出去打工的人家才能负担得起孩子的教育费

用。而老师看着他，只是淡淡地说了一句："等你哪天不觉得辛苦了，就理解了。"

送走父亲，返回学校，走进大门时，肖星星停住了脚步，不自觉地凝望起平时视而不见的镌刻在墙上的校训：做人为本、技能立身。抬头再见教学楼上悬挂的"穷家不出娇子，穷家出骄子""培养一个学生、致富一个家庭、繁荣一个村庄"的横幅，心里不由得一阵翻腾："一定学好一门技术，彻底改变自己的命运。"

能吃苦是山里人的秉性，不认命是吉安人的精神。从此，赖老师的工作室，肖星星总是第一个来，最后一个离开。而离开时，整个工作室的每个角落都不会留下肉眼可见的灰尘。赖勋忠老师将工作室的钥匙交给他的时候，肖星星感觉到，这就是自己的家，而赖老师就是触手可及的父亲，虽然心里常怀有畏惧。

上百种的工具、娴熟的测量过程，这还不够，还需针对具体的材料选择最合适的工具，用最合适的方法做出来了，再用水平仪、角尺、万用表去度量。终于有一天，肖星星比规定的时间提前 3 分钟做好最后一个扎线，用剪刀剪去余量，用钢尺度量，符合标准，信心满满地等着老师验收。赖老师只是看了一眼，顺手就拿起一根扎线，在旁边的线索上扎好，剪去余量，转身离去。这个连续的动作，快到肖星星根本没有看清究竟用了几个步骤。

肖星星蹲下来仔细对比老师的扎线和自己的扎线，实在是看不出有什么区别。但几个月下来，老师这个举动的含义肖星星就十分清楚了。久久地、呆呆地、傻傻地……肖星星已经感觉到腿麻，想站起来，竟然一时没能动弹。他索性仰身躺下，忽然一跃而起，用拇指和食指轻轻地捏住扎线的剪断处——自己的扎手，而老师的光润。他兴奋起来，接下来的几个小时，就一个动作——剪断扎线。

这样的细节无法计算：金属线管有弯管机不用，非要人工折弯，折弯处不得有任何肉眼可见的形变；PC 穿线管用手锯锯断，锯口非但不能有任何毛刺，而且必须光洁如镜；接线柱手工绕上铜芯，是两圈半还是三圈全凭经验，但电流通过时留下的微弱电阻值会给出最终答案；西门子单片机基础功能必须最大程度发挥，再用 KNX 编程软件优化功能，这里面的玄妙只有业内专家才能领略……

日复一日，肖星星每天重复着同样的动作，但绝不是简单重复。赖老师只给一个暗示，最多给一个示范。只有用心领悟，这样的重复才会成为技术技能的叠加融合和知识的融会贯通。

电气装置项目是指运用传统技术和新兴技术，对各类商业或民用建筑的电气装置进行特定设计、安装、调试、运行的竞赛项目。比赛中对选手的技能要求主要包括：熟练掌握多种不同用途的线路系统的安装与调试；使用提供的图样和文档对安装工作进行规划和设计，并完成安装；调试安装设备，以保证各项操作的正确性；诊断电气装置，识别问题并维修。

2016 年 8 月，肖星星以江西省选拔赛第一名的成绩入围第 44 届世界技能大赛国家集训队。有赖老师做后盾，肖星星感到特别踏实，每天 12 个小时的训练，没有丝毫苦和累的感觉。不为别的，只为不辜负赖老师的梦想，也是自己的梦想。赖老师的工作室，近十年已经走出了十余名省级、国家级一等奖选手，上百名被名企录用的优秀毕业生。然而，肖星星在考核选拔中出局。那晚，星空依旧明亮，肖星星却坠入一片黑暗，他哭了——靠着赖老师的肩，哭得那样肆意。

“没事，让我们从头再来。”赖老师依旧轻轻的一句话，但第一次如此紧密地靠着老师的肩膀，肖星星感受到的是一道电流贯通全身。那夜，星空依旧，只是夜色让宇宙更加深邃了。

再次投入备战状态，肖星星已经年满18周岁。“是个大人了，”赖老师拍拍他的肩膀，“这次，我们要有一个全新的姿态。”

肖星星理解这个“全新的姿态”所蕴含的内核，这是师生间，不，是父子间的一种默契，一种心灵感应。

训练即比赛，标准是世赛。于是，就有了每日更换的图样，每日必须完成的完整装置，每日必须独立操作而达到的精度。

和往常一样，肖星星依旧是最后一个离开工作室，这个时候向往的宿舍，已经是一个溢满香气的热腾腾的温暖小屋。赖老师已经将亲手烹制的营养夜宵端上桌面，等着他归来。

2018年6月15日，这是一个值得记住的日子，第45届世界技能大赛电气装置项目全国选拔赛在上海结束，肖星星以领先第二名13.2分的绝对优势再次回到国家集训队——上百个器件、线路的安装尺寸，几乎分毫不差，令现场所有的裁判惊叹不已。这就是肖星星所理解的“全新的姿态”，正是这个“全新的姿态”打通了通向喀山的道路，接通了通向梦想的最后一个电路。

2019年8月27日晚，肖星星登上了第45届世界技能大赛电气装置项目的冠军领奖台。在过往的4天共20个小时的比赛中，他以“全新的姿态”完成了照明智能控制线路设计与安装、三相动力控制线路（手动和自动）设计与安装、装置测试故障维修三个模块的比赛。最重要的是，安装的精度同样震惊了现场所有的测评裁判。

2019年9月29日，江西省委书记来到赖勋忠电气装置工作室，仔细地端详，不停地称赞：“这就是一流水平，这就是工匠精神。我们要加大培养力度，培养出更多肖星星式的技能人才。”国旗下，省委书记和肖星星、赖勋忠合影；镜头中，肖星星胸前佩戴的国徽闪耀着金光。

4. 张志斌：和哥哥一起圆梦

云落镇，位于广东省普宁市中部，大南山北麓连绵起伏的山坳里，距普宁市区约7.5公里，距广州市约390公里，小镇因大南山北麓山谷中常年白云缭绕而得名。全镇有51个自然村，以客家人为主，约6万人，张姓是排位第六的大姓。2003年之前，云落镇是普宁市最不发达的中心镇，而且是全普宁市唯一没有一级公路连接市区的地方，即便驱车到市区也需要一个多小时，比步行快不了多少。1995年、1996年，张志坤、张志斌两兄弟就先后出生在这里。为了有更好的生活，父母在哥俩两三岁时就外出打工。走出这大山，是这哥俩父母的梦想，也是懂事后这哥俩自己的梦想。

张志斌

儿时的两兄弟，几乎天天跟着爷爷奶奶下田、放牛、做零活，目睹爷爷奶奶的勤恳、辛劳，在渐渐长大的过程中，哥俩也日渐给人以言语不多、踏实肯干的印象。2007年、2009年，哥俩先后以优异的成绩小学毕业，来到云落镇最好的一所中学就读。

尽管哥俩很用心，但成绩始终不能出类拔萃。张志斌还喜欢上了电子游戏，绝大部分课余时间他都沉溺在镇上的网吧里，将各款流行游戏打得出神入化，特别是对抗性游戏，屡败屡战，越挫越勇，非得打赢不可。2010年7月，哥哥张志坤中考失利，在父母的劝说下远赴广州，到广东省机械技师学院求学。而张志斌此时的梦想则是和常年在普宁打工的父母一样，也到普宁去，不过不是去做父母那种吃苦出力的工作，而是去普宁最大的网吧，甚至到更远的揭阳去，他想做一名网管员。

2012年9月，和哥哥一样，张志斌也没能考上高中，这是意料中的事。不过他没有去普宁的网吧，更没有去揭阳，而是和哥哥一样，走进了广东省机械技师学院，成为数控加工中心模具方向的一名学生。说到这个改变，就不得不说到他的叔叔——张炼兵。叔叔说，知识改变命运，技能成就梦想，就是打工也得学有一技之长，网管员不是在游戏里玩出来的，梦想绝不能虚幻在虚拟的网络中。

张炼兵是张氏家族中第一个走出大山的人。2003 年 9 月，张炼兵考入广东工贸职业技术学院数控技术与加工专业。2005 年 4 月，他在学院组织的技能竞赛中获得数控加工项目冠军，由此进入学院专门为选拔第二届全国数控技能大赛选手而成立的集训班。在这里，他受到了系统而严格的专业技能训练。

2006 年 4 月，第二届全国数控技能大赛开赛，即将毕业的张炼兵一边埋头在实验室琢磨数控机床原理及加工工艺毕业论文的写作，一边披挂上阵，历经 6 个月的初赛、复赛，直到当年 11 月，才坐上了开赴北京的火车，在最后的总决赛中获得高职院校学生组第三名，为自己的毕业论文画上一个圆满又略有遗憾的句号。

2007 年 1 月，带着没能获得金牌的遗憾，张炼兵成为广东省机械技师学院数控加工中心的一名实习指导教师，一心想获金牌的他，一边授课，一边出现在每两年举办一次的广东省职业院校技能大赛上，每次都挺进前三而止步第一。“死磕”，这似乎是张氏家族的秉性，这一“磕”就是 8 年。2014 年，张炼兵终于以省赛第一的成绩杀出广东，获得第六届全国数控技能大赛职业院校教师组冠军，用金牌和“全国技术能手”荣誉称号弥补了当年的遗憾。这期间，作为广东省机械技师学院参加第 42 届世界技能大赛数控铣项目教练团队成员之一，他和同事已经成功地将本院选手推送至省级选拔赛，同时备战 2015 年举办的第 43 届世界技能大赛，而此时他的侄子张志坤也进入了学院数控铣项目精英班。

初入学校，张志斌对所学专业及职业前景一无所知，但叔叔和哥哥走过的技能之路却异常清晰。和自己的哥哥一样，在叔叔的要求和直接指导下，张志斌从纯手工打磨金属元件开始，磨砺自己的心性。

钢锯、锉刀、榔头、錾子、刮刀，是机械加工工人入门必备的工具，而如何使用好这些工具，将一块钢铁毛坯料加工成符合标准、精致美观的产品，需要精力、体力、智力和耐力的投入。

虽然网络游戏仍然具有巨大的诱惑力，但一想到含辛茹苦、任劳任怨供自己读书的父母和一手将自己带大的爷爷奶奶，再偶尔获准到哥哥所在数控铣项目世赛精英班观看那封闭式的魔鬼训练，张志斌将手机里的游戏全部删除——既然来了，就要学点真本事。他将训练想象成游戏，每完成一个工件就等于闯过了一道“关”，每学到一点新技术就等于获得了一次“晋级”，加上每天这样对技能训练及工艺知识的“沉溺”，一躺在床上，精疲力竭的他再无多余的精力去闯关游戏了……

2013 年 9 月，仅仅才二年级的张志斌就被选拔到了世赛塑料模具工程项目精英班，开始了他新梦想的征程。

张志斌后来坦言，是精英班让他真正找到了人生的目标和方向。

精英班的学习、训练是残酷的，每个星期都要进行一次知识技能综合考核，成绩垫底者将被淘汰；每个模块都要进行一次世赛标准选拔赛，不合格者将被淘汰。

所谓塑料模具工程，就是我们日常生活中常见的电冰箱、空调、漱口杯、玩具，乃至汽车、机床上的塑料件，生产它们就需要有专门设计的磨具，这种磨具需要专门制造，并且其精度和表面光洁度直接决定着最后产品的质量。就竞赛项目而言，就是要求选手根据 3 张不同的二维平面图，画出 3D 立体图，再用计算机转回二维图；以此为基础，设计模具并画出 3D 零件图、装配图等；最后，通过编程进行数控加工，生产出模具实物。

这看上去并不复杂，但做起来可比网络游戏复杂多了，要闯过重重关卡也困难得多。一个模具从设计到制造，需要娴熟的工程绘图能力、强大的空间想象能力、精巧的数控编程能力、规范的数控机床操作能力、精细的钳工修模能力和完美的综合装配能力……

踏实、肯干、能吃苦，是在爷爷奶奶的熏陶下形成的品质，也是叔叔“死磕”金牌那股劲头的延续，所以训练中的所谓“残酷”，张志斌并不感到难，而最难的恰恰是不需要“吃苦”的地方，那就是“二维”与“三维”之间的转换。这有些类似于中学所学的立体几何，但模具形状比正方体、圆柱体、圆锥体等复杂百倍、千倍。不但要准确地转换，而且不能错一个尺寸，错一丁点都不行，不然做出来的模具就直接废掉了。

对追梦的人来说，时间过得飞快。在一次次精英班的考核淘汰赛中，张志斌始终名列第一，而 2015 年 8 月哥哥张志坤勇夺第 43 届世界技能大赛数控铣项目金牌的捷报也给了他无限的激励。2017 年 6 月，在经过十余场层层选拔后，张志斌如愿取得了代表国家出征第 44 届世界技能大赛塑料模具工程项目的参赛资格。

世界性大赛，总是充满变数与挑战。比赛第一天，世赛首席专家才告知选手们临时修改了绘制工程图的基本规则——对工程图的视角、数量进行了限制，而原来的规则是不加限制的，可以用主视图、俯视图、侧视图等多角度、多幅图来绘制，尽可能将模具的立体形状表达得更清楚，这样更有利于后面模块的发挥。修改后的规则，对选手绘制表达能力要求更高了，就是要在规定幅数内把模具细节全部表达出来，让生产者一拿到图样就可以无障碍生产。

中国有句古话：“祸兮福之所倚，福兮祸之所伏。”这突如其来的变化，既然能给张志斌以一定的心理冲击，对其他选手来说也是一样。整整 5 年系统学习和训练打下的扎实功底，让张志斌很快镇定、冷静下来，他没有急于出手，思索良久后，开始自如地点击鼠标。赛后，张志斌说，这增加的难度反而让他具有了更强的竞争优势，因为将“中国制造”转型为“中国智造”早已成为他日常学习和训练的不竭动力。

没有任何悬念，2017 年 10 月 20 日，21 岁的张志斌稳稳地摘取了第 44 届世界技能大赛塑料模具工程项目金牌。

张志斌的这枚金牌，为母校广东省机械技师学院实现两届世赛“双夺冠”的目标立下了莫大功绩。

张志斌、张志坤及他们的叔叔张炼兵曾经就读的普宁市云落中学被揭阳市人力资源社会保障局、教育局联合授予“冠军摇篮”荣誉称号。

2017 年的云落镇，这个终年被白云缭绕的山谷，早已建成山清水秀的国家 4A 级生态风景区。在这里徜徉，您尽可感受大自然的韵味气息，倾听溪水潺潺，细闻鸟语花香。如果您愿意，还可以去看看在绿树掩映下的一座漂亮的欧式二层小楼——“世赛状元楼”，这是张志斌和他的哥哥张志坤用世赛奖金为爷爷奶奶和父母修建的新居。张志斌说，金牌只是新梦想的起点，他要继续苦练本领，将来一定回到家乡，让这里所有像他一样的青年都拥有技能之火、智慧之光。